全国中等职业技术学校汽车类专业教材

汽车维修业务接待

人力资源社会保障部教材办公室组织编写

中国劳动社会保障出版社

简介

本书的主要内容包括：汽车维修企业及业务接待岗位认知、汽车维修业务接待服务基本流程、汽车维修业务接待的其他工作。

本书由赵伯鸾主编，宋朋副主编，石勇参加编写；艾娜主审。

图书在版编目(CIP)数据

汽车维修业务接待/人力资源社会保障部教材办公室组织编写. —北京：中国劳动社会保障出版社，2017

全国中等职业技术学校汽车类专业教材

ISBN 978-7-5167-3185-7

Ⅰ.①汽… Ⅱ.①人… Ⅲ.①汽车-修理厂-商业服务-中等专业学校-教材 Ⅳ.①U472.31

中国版本图书馆 CIP 数据核字(2017)第 209322 号

中国劳动社会保障出版社出版发行

（北京市惠新东街 1 号 邮政编码：100029）

*

北京宏伟双华印刷有限公司印刷装订 新华书店经销

787 毫米×1092 毫米 16 开本 7.75 印张 164 千字

2017 年 8 月第 1 版 2023 年12月第10次印刷

定价：15.00 元

营销中心电话：400-606-6496

出版社网址：http://www.class.com.cn

http://jg.class.com.cn

前言

为了更好地适应中等职业技术学校汽车类专业教学要求，全面提升教学质量，人力资源社会保障部教材办公室组织有关学校的骨干教师和行业、企业专家，在充分调研企业生产和学校教学情况、广泛听取教材用户反馈意见的基础上，对全国中等职业技术学校汽车类专业教材进行了修订和补充开发。

本次教材修订和补充开发工作的重点主要体现在以下几个方面：

第一，完善教材体系，更好地满足教学需求。

结合职业院校汽车类专业设置和办学特点，调整并完善了教材体系，与专业通用基础教材相衔接，开发了汽车维修、汽车电器维修、汽车钣金与美容、汽车检测、汽车营销等专业方向教材，构建了“通用基础平台＋不同专业方向平台”的教材体系。此外，还针对学校对电控技术、车载网络技术、新能源汽车等高新技术的教学需求，开发了相应的教材。

第二，反映技术发展，适应岗位职业能力需求变化。

随着汽车制造水平的不断提高，汽车维修的内容和工艺发生了相应变化；伴随着私家车保有量的不断增长，汽车营销、汽车美容等相关从业人员的职业能力要求也在发生相应变化。因此，本次修订工作注重在教材中增加新知识、新技术、新材料、新工艺等方面的内容，体现教材的先进性。同时，根据中级工从事相关岗位工作的实际需要，合理确定学习目标，对教材内容的深度、难度做了适当调整，同时注重综合职业能力的培养。

第三，融入先进教学理念，创新教材表现形式。

专业通用基础教材的编写以汽车及其零部件为载体，充分体现专业特色；专业方向教材的编写根据学校教学实际，充分体现一体化教学思路，增加了实训内容在教材中的比重。为了增强教材的表现效果，提高学生的学习兴趣，教材中使用了大量高质量的实物图片，部分教材采用双色或彩色印刷。

第四，开发辅助产品，提供教学服务。

为了方便教学，配套开发了习题册、教学参考书和电子课件。电子课件可通过职业教育教学资源和数字学习中心（http://zyjy.class.com.cn）免费下载。

本次教材修订工作得到了河北、江苏、浙江、山东、山西、广东、广西、陕西等省、自治区人力资源社会保障厅及有关学校的大力支持，在此表示诚挚的谢意。

人力资源社会保障部教材办公室

2017 年 1 月

目　录

任务一　汽车维修企业及业务接待岗位认知

活动 1　汽车维修业务接待岗位认知

学习目标

1. 了解汽车维修企业的分类和特点。
2. 掌握汽车维修企业的组织机构。
3. 能描述汽车维修业务接待岗位的工作目标与职责。

任务描述

某品牌汽车 4S 店招聘了一名员工，负责在前台进行汽车维修业务接待工作。应聘者小王到 4S 店报到，由业务主管带领参观 4S 店，进行必要的岗前培训。为了顺利上岗，她需要了解自己所从事汽车维修企业及维修业务接待岗位的相关信息，熟悉岗位的工作内容、目标和职责等。

获取信息

一、汽车维修企业的分类与形式

1. 汽车维修企业的分类

根据国家标准《汽车维修业开业条件》（GB/T 16739—2014），汽车维修企业按照以下方式分类：

按照行业管理分类
- 汽车整车维修企业
  - 一类汽车整车维修企业
  - 二类汽车整车维修企业
- 汽车综合小修及汽车专项维修业户（三类汽车维修企业）

（1）汽车整车维修企业

它是有能力对所维修车型的整车、各个总成及主要零部件进行各级维护、修理及更换，使汽车的技术状况和运行性能完全（或接近完全）恢复到原车的技术要求，并符合相应国家标准和行业标准规定的汽车维修企业。按规模大小的不同，汽车整车维修企业可以分为一类、二类汽车整车维修企业。

(2) 汽车综合小修及汽车专项维修业户

1) 汽车综合小修业户。它是从事汽车故障诊断和通过修理或更换个别零件，消除车辆在运行过程或维护过程中发生或发现的故障或隐患，恢复汽车工作能力的维修业户（三类）。

2) 汽车专项维修业户。它是从事汽车发动机维修、车身维修、电气系统维修、自动变速器维修、轮胎动平衡及修补、四轮定位检测调整、汽车润滑与养护、喷油泵和喷油器维修、曲轴修磨、气缸镗磨、散热器维修、空调维修、汽车美容装潢、汽车玻璃安装及修复等专项维修作业的业户（三类）。

【知识拓展】

通过网络或其他途径，查阅《汽车维修业开业条件》（GB/T 16739—2014），分别了解汽车整车维修企业必须具备的人员、组织管理、设施、设备等条件要求，汽车专项维修业户应具备的通用条件，以及各专项维修的经营范围、人员、设施、设备等条件要求，并对两者进行对比分析。

2. 常见的汽车维修企业形式

(1) 汽车 4S 店

汽车 4S 店是目前国内常见的一种汽车维修企业，它是“四位一体”的汽车特许经营模式，包括整车销售（Sale）、零配件（Sparepart）、售后服务（Service）、信息反馈（Survey）等。汽车 4S 店有统一的外观形象、统一的标识、统一的管理标准，只经营单一的品牌。图 1—1—1 所示为某品牌汽车的 4S 店。

图 1—1—1　某品牌汽车的 4S 店

还有 6S 店的说法，除了包括之前的“4S”以外，还增加了个性化售车（Selfhood）、集拍（Sale by amount，集体竞拍，购车者越多价格越便宜）。

(2) 汽车综合性修理厂

汽车综合性修理厂是从事汽车整车和总成维修的企业，如图 1—1—2 所示。相对于汽车 4S 店而言，修理的车型相对多样化。

图 1—1—2　汽车综合性修理厂

(3) 汽车快修店

汽车快修店一般从事汽车专项维修，如专修汽车电器、专修汽车空调等，如图 1—1—3 所示。它属于三类汽车维修企业。

图 1—1—3　汽车快修店

二、汽车维修企业的组织结构

为了用最少的人力资源投入取得最大的产出，建立适当的组织机构和设置相应的管理岗位就显得极为重要。汽车维修企业的管理机构和人员配置应主要根据企业的规模与业务流程进行设计及优化。

1. 职工人数多于 100 人的大型汽车维修企业可设置如图 1—1—4 所示的组织机构。
2. 职工人数少于 100 人的中、小型汽车维修企业可设置如图 1—1—5 所示的组织机构。
3. 快修店等形式的小型或超小型汽车维修店可设置如图 1—1—6 所示的组织机构。

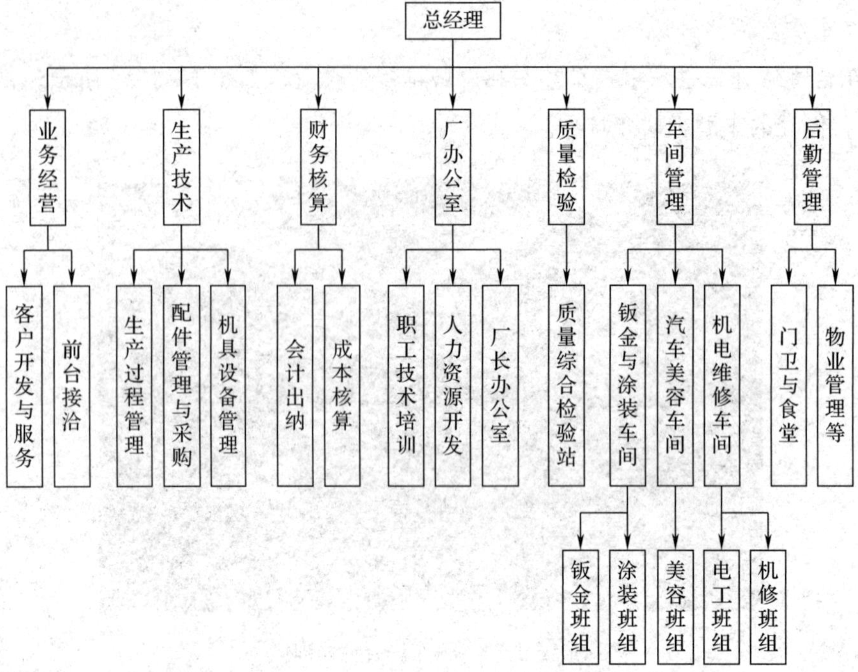

图 1—1—4　大型汽车维修企业的组织机构

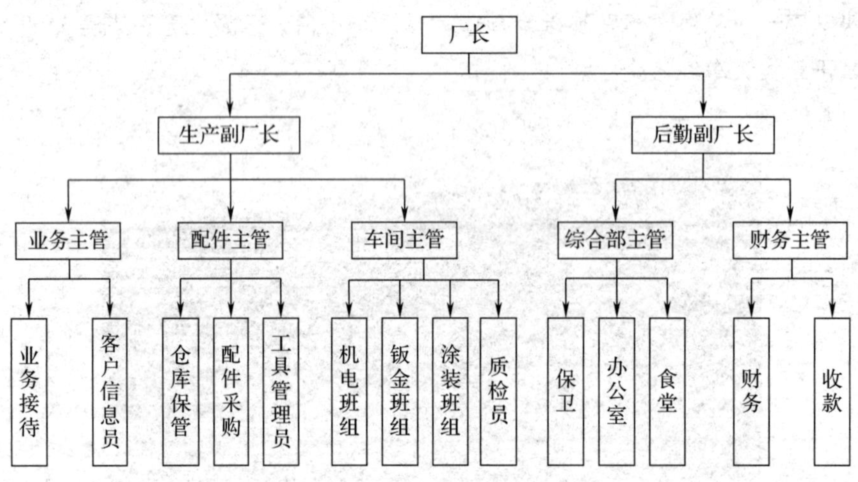

图 1—1—5　中、小型汽车维修企业的组织机构

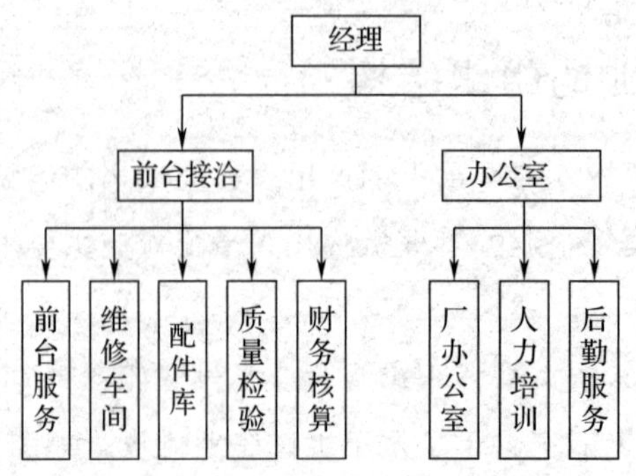

图 1—1—6　小型或超小型汽车维修店的组织机构

三、常见的汽车维修岗位及其工作内容

常见的汽车维修岗位及其工作内容见表 1—1—1。

表 1—1—1　　常见的汽车维修岗位及其工作内容

岗位名称	图示	工作内容
整车销售		负责品牌下所有车型车辆的咨询、介绍、销售工作，以及试乘、试驾活动 协助购车客户完成保险等其他附加服务内容 为购车客户进行新车检验和性能介绍
车辆维修		按照相关工作标准按时完成汽车维修作业，包括汽车配件修理、总成大修和汽车的各级维护、保养 负责维修作业场所的“5S”工作，即整理（Seiri）、整顿（Seiton）、清扫（Seiso）、清洁（Seiketsu）和素养（Shitsuke）
钣金涂装	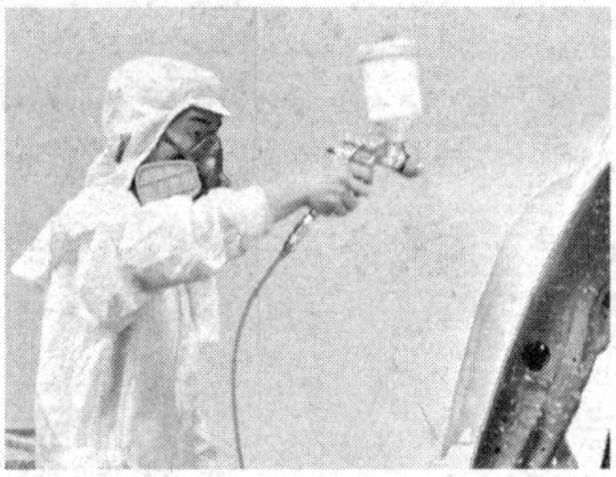	按照相关工作标准按时完成汽车钣金作业与涂装作业，以事故车辆的车身修复工作为主 负责维修作业场所的“5S”工作
业务接待		接待来店客户，按照相关流程与工作标准为客户提供一对一的优质服务 接听在修客户的咨询电话，传递在修车辆状况信息 负责车辆交接、预约和回访工作

续表

岗位名称	图示	工作内容
配件仓储		负责配件的仓储收发管理及库存盘点 提供配件库存情况，建立库存台账，负责配件库的环境、安全及防火工作
客户服务		为来店客户提供贴心关怀与服务，包括提供饮品、报刊，必要时向客户提供简餐 负责客户休息区的环境和卫生

四、汽车维修业务接待岗位的工作目标与职责

在汽车维修业务接待岗位上工作的人员一般又被称为汽车服务顾问（SA）。

1. 工作目标

汽车维修业务接待人员（以下简称业务接待人员）是客户接触汽车维修企业服务部门的最初环节，通过一系列的业务，持续提供满足客户要求的服务，并对服务销售负责。

2. 主要工作职责

（1）通过电话提醒并预约客户回厂进行定期保养。

（2）接受预约并进行管理。

（3）确认维修车间的劳动状况，确认所需配件的库存状况，合理指派维修人员。

（4）接待来店客户。

（5）确认客户的车辆信息，并及时更新，或制作新客户档案。

（6）了解、识别和确认客户的需求。

（7）填写服务相关的单据。

（8）确认作业进展状况，与客户进行联系。

（9）如果有追加作业，应与客户联系并征求客户的同意。

(10) 推销服务产品及商品（如维修服务、销售精品、养护产品、保险等），提高服务效益。

(11) 向客户说明作业内容及费用、时间等。

(12) 引导客户进行结算，建议或提供客户满意的交车地点和方式。

(13) 向客户提供有关汽车使用方面的建议，提醒、介绍下次的检查或修理。

(14) 完成上级主管下达的其他任务。

五、汽车维修业务接待岗位的工作内容

汽车维修业务接待岗位的工作内容具体见表 1—1—2。

表 1—1—2　汽车维修业务接待岗位的工作内容

周期	具体工作内容
每天	1. 按时参加售后部晨会
	2. 按照主管的安排，维护工作区域客户
	3. 按照要求处理客户抱怨及投诉，并积极反馈
	4. 按照接待流程及要求接待客户
	5. 按照系统要求处理报修业务，并及时跟进
	6. 按照部门的要求填写重点业务达成的数据
	7. 按照要求完成电话跟进和电话回访工作
	8. 按时参加售后部夕会
每月	1. 按照通知参加售后部例会
	2. 就个人业绩做业务分析与改善计划
	3. 按照培训计划参加部门内业务培训，并参加考核
	4. 按照部门要求填写各类增值（或新）业务
	5. 完成售后经理下达的售后维修服务
	6. 完成售后经理下达的售后精品服务
	7. 完成售后经理下达的保险售后服务
	8. 完成售后经理下达的汽车售后服务满意度指数调研（英文缩写 CSI）
	9. 通过产品知识和售后业务流程知识考核
每年	1. 根据售后部经理/市场部经理安排，参与全年各类市场活动
	2. 根据售后部经理安排，参加汽车生产厂家培训，并按照要求取得认证
	3. 严格执行售后部公布的绩效目标

任务实施

在了解了汽车维修企业的类型后，以小组为单位进入本地的汽车维修企业进行参观，参观后在表 1—1—3 中记录相关内容。

表 1—1—3　　汽车维修企业参观记录表

图片	工作人员	业务内容

活动 2　汽车维修业务接待礼仪与技巧

学习目标

1. 了解礼仪的概念和服务礼仪的本质、内容、基础、基本要求。
2. 掌握基本的举止礼仪。
3. 掌握业务接待人员的接待客户准则、电话礼仪。
4. 掌握接待技巧。

任务描述

某 4S 店新入职的业务接待人员小王在主管的安排下，进行与岗位工作相关的服务礼仪培训，包括：了解服务礼仪的内容，熟悉服务礼仪的基础和基本要求，掌握接待客户准则；并通过一系列训练，掌握规范的举止礼仪和电话礼仪。

获取信息

一、礼仪与服务礼仪

1. 礼仪的概念

礼仪是人们在社会交往中受历史传统、风俗习惯、宗教信仰、时代潮流等因素影响而形成的，为人们共同认可和遵守的、以建立和谐关系为目的、符合交往要求的行为准则和规范的总和。简而言之，礼仪就是人们在社会交往活动中应共同遵守的行为规范和准则。

从内容上讲，礼仪由礼仪的主体、礼仪的客体、礼仪的媒介和礼仪的环境四个要素构成。

（1）礼仪的主体

礼仪的主体是指礼仪活动的操作者和实施者。它既可以是人，也可以是组织。当礼仪活动规模较小、较简单时，其主体通常是个人；当礼仪规模较大、较复杂时，其主体通常是组织。

（2）礼仪的客体

礼仪的客体即礼仪的对象，指的是礼仪活动的指向者和承受者。从外延上讲，它可以是人，也可以是物；既可以是物质的，也可以是精神的；既可以是具体的，也可以是抽象的；既可以是有形的，也可以是无形的。

（3）礼仪的媒介

礼仪的媒介是指礼仪活动所依托的一定的载体，包括人体礼仪媒介、物体礼仪媒介和事体礼仪媒介等。在具体操作礼仪时，这些不同的礼仪媒介往往交叉配合使用。

(4) 礼仪的环境

礼仪的环境是指礼仪活动得以进行的特定的时空条件。大体来说，它可以分为礼仪的自然环境与礼仪的社会环境。礼仪的环境通常制约着礼仪的实施，不仅决定着实施何种礼仪，而且也决定了具体礼仪的实施方法。

2. 服务礼仪的本质、内容与基础

学习服务礼仪知识不仅有助于业务接待人员塑造良好的形象，还有助于其提高综合素质。要想尽快提高业务接待人员的服务水平，就必须重视服务礼仪的培训。

(1) 服务礼仪的本质

服务礼仪的本质是指礼仪在服务行业中的具体运用，是业务接待人员在自己的具体岗位上完成本职工作所应具备和严格遵守的行为规范。

(2) 服务礼仪的内容

1) 在服务意识方面。要培养业务接待人员的服务意识，使其具有自觉、主动做好业务接待工作的观念和愿望，从而为客户提供热情、周到、主动的服务，让客户体会到业务接待人员的真诚。

2) 在语言修养方面。业务接待人员应使用文明礼貌用语，尽量提高个人谈吐修养和口头表达能力。

3) 在表情训练方面。业务接待人员开展文明优质服务，不仅要强调语言文明，还必须要强调表情优雅。优质服务要求表情必须以微笑作为基本要素，辅以温柔、和气、谦逊和真诚。

4) 在姿态矫正方面。服务人员要随时注意自己的站、坐、行的姿态，尽量达到端正、大方、文明、优雅的要求。

5) 在服饰搭配方面。业务接待人员的服饰要整洁、得体、朴实、大方，杜绝一切不得体的修饰和打扮。如果汽车维修企业有统一服装的要求，业务接待人员应统一着装。

6) 在礼仪禁止方面。礼仪禁止的内容较多，主要有：职业道德方面的禁止，如要忠于职守、恪守信用、不得歧视客户、不得违反承诺等；服务语言方面的禁止，如不得使用任何不文明语言；服务态度方面的禁止，如对待客户要热情、谦逊，不得与客户发生争执等；服饰方面的禁止，如女职员不准浓妆上岗、男职员不得留长发等；服务纪律方面的禁止，如不得泄露客户信息、禁止酒后上岗等。

可见，服务礼仪是一个人综合素质的体现。提高业务接待人员的服务礼仪水平，需要全方位提高其综合素质。

(3) 服务礼仪的基础

服务礼仪的基础是知识素养。正如人们所说："知识可以弥补外表的缺陷，美貌却永远无法弥补知识的缺陷。"服务礼仪是人的内在素质的自然流露，知识素养是其本质的基础。业务接待人员只有注重自身知识素养的全面提高，才能从内而外地呈现出良好的服务礼仪。

3. 服务礼仪的基本要求

服务礼仪的基本要求主要有两个方面：语言修养和非语言修养。

(1) 语言修养

所谓"言为心声"。有声语言是人们在交往过程中表达情意的工具。业务接待人员必须具备良好的语言修养，准确地把握住语言技巧，努力使自己的语言表达清楚、亲切和准确，使服务对象对服务工作产生敬重感，对服务人员产生亲切感，从而树立起良好的业务接待人员形象与优质的企业形象。语言修养主要有以下几点：

1) 语言规范方面。业务接待人员在服务过程中应用普通话与客户进行交谈。客户因为听不懂方言会耽误宝贵的时间，甚至可能与业务接待人员间发生沟通上的误解，从而引起不必要的矛盾和冲突。因此，普通话可以准确、快捷地把需要传达的信息传递给客户。

2) 语言表达方面。要求业务接待人员在掌握好本岗位专业知识之外，还应具备较强的语言表达能力及较高水平的沟通技巧。在与客户沟通时，应认真倾听，对客户的疑问能够快速反应，并简洁、准确地做出回答，切忌回答啰唆、语无伦次和答非所问。

3) 语言礼貌方面。业务接待人员应当将"您好""请""对不起""谢谢"等敬语常挂在嘴边。这些语言看似简单、普通，但所起到不小的作用。轻轻一声"您好"，可以拉近客户与业务接待人员之间的距离；一句"您请"并伴以真诚的微笑，会使客户内心充满亲切和温馨；一句"谢谢"，会促进客户与业务接待人员之间的尊敬和理解。

4) 语句和语气的选择方面。业务接待人员在为客户的服务过程中应多用陈述语句和一般疑问句，少用或不用祈使句和反问句；多用委婉、征询的语气，少用或不用命令式语气。在解决矛盾或处理问题时，语言表达采取"责己不责人"的方式，尽量把责任揽给己方，以安抚客户的激动情绪，避免矛盾激化，为后续工作做好铺垫。

(2) 非语言修养

根据国外心理学家的调查和研究，在信息传递的全部效果中，非语言沟通占55%，声音占38%，而语言仅占7%。由此可见，非语言修养在人际交往中具有重要的作用。要想树立良好的服务礼仪形象，非语言修养不容忽视。其内容主要包括以下几个方面：

1) 衣着要得体。一个人的衣着是其修养和文明程度的外在标志。业务接待人员衣着整洁、合体，对客户有着导向和潜移默化的作用。如果服务人员不修边幅、衣冠不整、蓬头垢面，会给客户造成负面印象，给服务工作带来负面影响。

2) 仪态要大方。如果一个业务接待人员仪表端庄、气质高雅、言之有物，能做到有问必答、笑脸相迎、主动服务，那么客户就会愿意与之交谈、接受帮助，双方的合作能够更加顺畅。

3) 举止要文明。在服务工作中，业务接待人员的言行要有礼貌，态度要温和，表现要端正。

4) 心境要良好。在服务工作中，业务接待人员要始终保持良好的心境。业务接待人员如果具有良好的心境，就可以保持温文尔雅、平心静气、和蔼可亲的状态，而且仪表也会显得自然、不矫揉造作。另外，在出现矛盾时，良好的心境还有助于业务接待人员保持理智，从而平心静气地解决问题。

二、接待客户准则

1. 始终保持衣着整洁

初次见面时，通常在15 s内就会给对方留下“第一印象”。第一印象涉及的主要因素之一就是外表。如果想在客户心中营造一个积极的形象，衣着整洁是很重要的。

2. 真诚地微笑待客

微笑能够传递善意信息。笑容能促进交谈双方有效地沟通，营造良好的交流氛围。

3. 友好地向客户自我介绍

除了已经熟悉的老客户知道业务接待人员的姓名，一般情况下业务接待人员接待客户时首先要主动自我介绍。创造一种友好的、双方讨论的气氛是最基本的接待准则之一，不要使客户因为不知道找谁交谈而为难。

4. 表达对客户的真诚和关注

客户把车辆送到汽车修理厂，因为他们相信汽车修理厂可以完成车辆所需要的维修或养护。客户进行维修咨询时，业务接待人员应表达出自己的真诚，并关注客户提出的问题，了解客户到汽车修理厂的原因。业务接待人员不要向客户强调自己忙、累和工作量大，这样容易引起客户的厌烦。

5. 不要让客户久等

到店的客户都希望在车辆维修上节约时间，可以尽早将车辆投入使用。如果业务接待人员让客户久等，耽误了客户的宝贵时间，客户很有可能选择其他的修理厂，造成企业的业务损失。因此，业务接待人员面对客户时，应第一时间进行接待。

三、基本的举止礼仪

1. 站姿

从正面看，精神饱满，两眼正视（而不是斜视）；全身笔直，两肩平齐；两臂自然下垂，不得把手交叉在胸前；两脚脚跟并拢，两脚尖并齐或略张开，身体重心位于两腿正中，如图1—2—1a所示。

从侧面看，两眼平视，下颌微收；挺胸收腹，腰背挺直；手的中指贴裤缝，整个身体庄重、挺拔，如图1—2—1b所示。

a）　　b）

图1—2—1　站姿

a）正面　b）侧面

站姿的要领：一是平，即头正、肩平、两眼平视；二是直，即腰直、腿直，后脑勺、背、臀、脚后跟形成一条直线；三是高，即重心上拔，看起来显得高。

2. 坐姿

坐姿要求端正、大方、舒展，如图1—2—2所示。向下坐时，上半身正直而稍向前倾，头、肩平正，两臂贴身下垂。弯腰坐下时，男性的两腿间留有一个拳头的距离，两腿平行且自然着地，两手放在腿上，背部与椅靠背留一个拳头空间；女性应两手同时压住腿上后部的裙子，身体稍向前倾，缓慢坐下，坐下后两腿并拢，两手重叠放在腿上。

图1—2—2　坐姿

3. 走姿

走路时，上身躯干应基本保持站立时的标准姿势，即挺胸收腹，腰背笔直；两臂以身体为中心，前后自然摆动，前摆时与身成约35°，后摆成约15°，手掌朝向身体内侧；起步时身体稍向前倾，重心落在前脚掌上，膝盖伸直，脚尖向正前方伸出，如图1—2—3所示。行走时，双脚在一条线上。正确的行走姿态、上部躯干的稳定与下肢的规律运动的谐调对比，利落、均匀的脚步及行走的节奏感，前后、左右行走动作的平衡对称，都会呈现出行走时的形式美，从而给客户以办事果断、责任心强的印象。

图1—2—3　走姿

4. 目光

与客户交谈时，应在把目光的焦点柔和地落在客户的脸上，既不要左顾右盼，又不要紧盯着对方。大部分时间目光应自然地注视客户面部的三角区域。对于陌生人，注视范围为大三角区域（图1—2—4）；对于略熟悉的人，注视范围为正三角区域（图1—2—4）；对于非常熟悉的人，注视范围为倒三角区域（图1—2—4）。道别或握手时，目光应正视客户的眼睛。

【小知识】

大三角区域是指由额头和双肩构成的三角区域，如图 1—2—4 所示。

正三角区域是指由下巴和额头组成的三角区域，如图 1—2—4 所示。

倒三角区域是指由两眉和唇底组成的三角区域，也叫中三角区域，如图 1—2—4 所示。

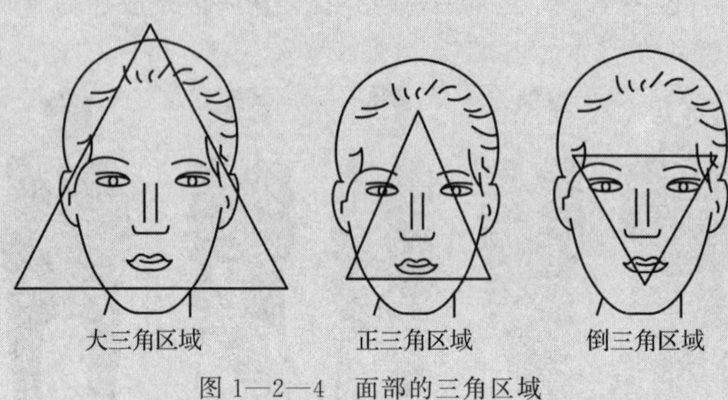

图 1—2—4 面部的三角区域

5. 微笑

在接待客户过程中，除了做到与其目光交流，业务接待人员同时还要保持微笑。

(1) 恰当表达欢迎的态度

接待客户时，要面带自然、真诚的微笑，让客户感受业务接待人员发自内心的欢迎态度。如果欠缺关注和微笑（如当客户走近时，业务接待人员既没有看到，又面无表情），这会令客户感到被冷漠对待，从而认定业务接待人员的态度为忽视、拒绝，从而使客户产生不满的负面情绪。

(2) 避免笑容表达过度

如果笑容表达过度，会给客户造成业务接待人员表情生硬、虚伪、笑不由衷的印象。甚至遇到客户痛苦的时候，如果业务接待人员笑容过度，客户会怀疑业务接待人员幸灾乐祸，容易引起误会或冲突。

6. 握手

握手是一种表示欢迎、欢送的礼仪动作。相遇、会谈、告辞的时候，双方一般都要握手。握手可以表达祝贺、感谢、慰问及友好合作等多种含义。

(1) 握手的方式

握手时，一般己方要伸出右手和对方握手。男士与男士握手时，应握手掌位，虎口相对；男士与女士握手时，男士应握女士的手指位，如图 1—2—5 所示。

(2) 握手的时间

握手的时间通常以 3～5 s 为宜，如果双方关系较亲近，握手时间可以适当长一些。

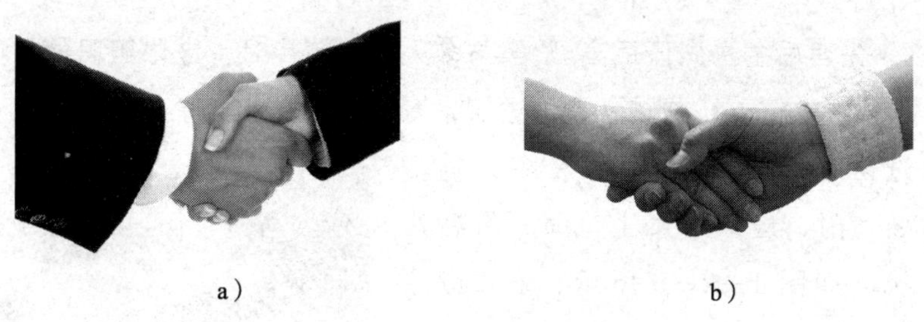

a）　　　　b）

图 1—2—5　握手的位置

a）男士与男士握手　b）男士与女士握手

（3）握手的力度

握手的力度要适当。握手力度过重（有可能让对方的手出现痛感）、强行握手，或者紧握对方的手（特别是女士的手）不放，这些都是无礼的行为。握手力度同样要避免过轻或不稳定，否则容易给客户造成不好的印象。例如，双方握手时，如果己方轻轻碰一下对方的手掌，就把手抽回去，会给对方造成敷衍、冷淡的感觉；如果己方握手力度不稳定，表现出犹豫不决，会让对方觉得己方态度不真诚，有回避的意味。

（4）握手时的其他细节

1）主动握手。在客户到达时，业务接待人员应主动跟客户握手，表示对客户真诚的欢迎。如果客户为女士，女士没有握手的意思，业务接待人员应改用点头来表示欢迎。如果面对多位客户无法一一握手欢迎，业务接待人员可以微笑行注目礼，用点头或者招手来代替握手礼。

2）如果业务接待人员戴着手套，必须先把手套脱掉，然后再与客户握手。

7. 点头

点头是不需要用言语的另一种身体动作。当人们讲话的时候，如果表示同意就可以点头，对方就会知道自己的话引起了交谈中另一方的反应。

例如，当某位客户为了某事投诉时不停地倾诉，业务接待人员不能随意插话，但是又希望让客户知道自己在倾听，此时业务接待人员就可以适当地点头，以表示对客户话语的关注。

8. 安全距离

公共场所应保持符合礼仪的安全距离。在处理非个人事物的场合（如一般的社交活动、公务办理）中，最小的礼貌距离为 1.2 m。除非是特别信任、熟悉或者亲近的人，一旦交谈或其他交流活动时两个人间的距离小于最小礼貌距离，都会让人产生不安全的感觉。

因此，当客户进到接待大厅，业务接待人员迎上去的时候不应该离客户太近，通常应与客户保持略大于 1 m 的距离进行接待，避免造成客户心理上的不适。

9. 递送名片

在社交场合，递送名片是自我介绍的简便方式。在递送名片前，应先完成双方的介绍。在尚未弄清对方身份时不应急于递送名片，更不要把名片如同传单一般随便散发。交换名片的顺序一般是："先客后主，先低后高。"当与多人交换名片时，应依照职位高低的顺序，或是"由近及远"依次进行，切勿跳跃式地进行，以免对方产生"厚此薄彼"之感。

交换名片过程中要注意递送和接受名片的正确方法。递送名片时，应双手奉上，同时将名片的正面朝向对方，如图1—2—6所示。眼睛应注视对方，面带微笑，大方地说："这是我的名片，请多多关照。"接受名片时，如果原处于坐姿，应起身站立，面带微笑注视对方，接过名片时应说"谢谢"，随后应微笑阅读名片，可将对方的姓名、职衔轻念出声，并抬头看对方的脸，使对方产生一种受重视的满足感。如果身上未带名片，应向对方表示歉意。在对方离去之前，或话题尚未结束，不必急于将对方的名片收藏起来。接受别人的名片切不可随意摆弄或扔在桌子上，也不要随便地塞在口袋里或包里。名片应放在名片夹里，男士可以将名片放入西服左胸的内衣袋里，以示对他人的尊重。

图1—2—6 递送名片的正确方式

四、电话礼仪

1. 接听电话的步骤与技巧

(1) 必须问候打电话来的人

服务人员接听电话的时候应该按照以下正确方式处理：

1) 在电话铃声响三声以内接听。

2) 接电话时，业务接待人员必须自报经销商的名称和自己所在的部门、姓名、工号(或职位)等，表明身份及与客户交谈的诚意。例如："您好！这里是×××4S店，我是客服部接线员×××，工号（或者职位）××××，很高兴为您服务。"

(2) 要确认客户的需求

问候语结束后，业务接待人员可以使用"我如何帮助您?""请问您有什么事吗?"或者"请问您需要什么帮助吗?"这类询问性质的语句，引导客户吐露来电的原因。

(3) 记录的客户重要信息

1) 询问和记录来电话人的姓名。在客户打电话来的时候，必须在适当的时候询问客户的姓名。

2) 询问和记录来电话人的电话号码。如果接电话时未及时询问和记录客户的电话号码，一旦电话中断，就必然和潜在客户失联。记录客户电话后，业务接待人员可以在车辆维修过程中，及时向客户反馈车辆的维修信息。

(4) 应对客户需求

1) 要考虑替代的措施或方案。如果某件事情不是由业务接待人员直接负责的话，就必须将电话转给同事或者转给经理。如果这些人都不在，就得安排稍后回电话。

2）提出措施和方案。如果某件事情涉及的范围或权限超越了业务接待人员的工作范围或最高权限时，业务接待人员应该告知客户，其可能需要与企业内其他人沟通，这时候要向客户建议，然后把电话转给合适的人员。

(5) 结束通话

在转接电话或结束通话以前，必须告诉同事将转接过去的客户是谁，电话内容是什么，然后再告诉客户他所要找的人员的姓名，还要感谢客户的来电，并和客户说“再见”。

2. 打电话的步骤与技巧

通常来讲，接电话比给客户打电话要容易一些。业务接待人员给客户打电话前，必须做好准备，特别是要向客户传达坏消息之前。给客户打电话时应遵循几个步骤：

(1) 收集信息

把相关的文件摆在桌面上，然后检查这些信息，可以了解具体的内容。例如，服务经理将客户投诉的资料交给业务接待人员，要求业务接待人员与客户联络；这时候，业务接待人员应先检查所有资料的内容，了解投诉事件的来龙去脉；如果可以，业务接待人员应该先与进行客户处理的同事交换意见。

(2) 打通电话

1）通话前要筹划电话的内容。因为不知道客户对这次电话会有什么反应，所以就要尽力按照事先安排的计划去进行，不要打乱计划。

2）要保持对局面的控制。不管客户发脾气或者抱怨，业务接待人员都要保持镇定，要在谈话过程中保持对整个局面的控制。

3）通话时语气要真诚。业务接待人员说话时可以使用恰当的声调，保持微笑。另外，业务接待人员的语速应保持稳定、平衡，过快的语速容易引起客户的不满。

(3) 结束谈话

1）总结达成的协议。在和客户达成协议以后，业务接待人员可以进行总结。如果合适的话，业务接待人员还可以和客户商定下一次打电话的时间和日期。

2）要保持礼貌。业务接待人员应让客户先结束通话。如果此时又有来访客户，一般应先招待来访客户，应尽快礼貌地向通话客户致歉，得到允许后挂断电话。对于重要的电话，则应以通话客户为主，礼貌地请来访者稍等片刻。

3）适时结束电话。结束与客户通话时，业务接待人员可以表示对客户的感谢，如向客户表达“感谢您从我们这里购买产品（或者服务）”“感谢您对我们维修部门的信任，您车辆的问题会尽快得到妥善解决……”等。

五、接待技巧

1. 表达的技巧

当与客户交流时，业务接待人员的语言应该既显得亲切，又体现职业素质。因此，业务接待人员既要掌握具有共性的表达方式与技巧，又要在表达上具有个性化的特点。

在保持一个积极态度的同时，沟通用语应当尽量使用具有正面含义的词句。这一点非常关键。业务接待人员面对客户的服务语言中不应有负面语言。什么是负面语言？我不能、我不会、我不愿意、我不可以等，这些称为负面语言。客户不喜欢听到这些负面语言，会造成其被拒绝服务的不良印象。客户的诉求是要企业及其服务人员帮助解决问题。业务接待人员应该告诉客户，我能够做什么，而不是不能做什么，这样就可以创造积极的、正面的谈话氛围。但是，这需要把握一个合理的程度，业务接待人员的承诺应在其岗位职责和权限之内，不能客户说什么就是什么。

2. 主动倾听的技巧

(1) 主动倾听的效果

业务接待人员应该通过主动倾听客户的表达，快速地初步判定客户的需求和送修车辆的状态。

(2) 主动倾听的技巧

主动倾听的技巧就是业务接待人员找出客户需求的 6 个要点。

1) 专注的态度。业务接待人员可以微微前倾身躯，表示专心倾听客户的谈话，使客户保持继续谈话的兴趣。

2) 表现认同。业务接待人员的认同可以让客户放松，并可赢得客户的信任。

3) 提出问题。业务接待人员在适当的时机时通过提问确认细节，以便清楚地了解客户的想法和打算。提问方式分为开放式与封闭式两种。

①开放式提问。问题用于引导客户讲述事实，如“您第一次听到这种杂音是在什么时候?”“您何时发现这个问题的?”

②封闭式问题。对客户的问题总结并进行复述，如“您的车是不是起动困难?”这种问题主要用于结束提问。

4) 倾听问题。这用于确定业务接待人员对客户的表达是否理解正确。在这个阶段中，业务接待人员先不要判断客户车子的状况。

5) 总结内容。业务接待人员要总结客户的谈话重点，并确认已和客户取得共识。

6) 非语言沟通。业务接待人员通过点头示意、目光接触、合宜的脸部表情与客户进行沟通。而且，业务接待人员不应只关注与客户的谈话内容，还要从客户的语调和面部表情、肢体动作等来了解客户的情绪和需求。

3. 处理客户投诉的技巧

(1) 换一个场所

业务接待人员应将客户引导到适合的场所，请客户一起坐下，倾听其述说，向客户表示真诚的态度，以使客户的激动情绪舒缓下来。切忌让客户站着陈述。

(2) 换一个时间

当同一件事情与客户多次协商仍未解决时，换个时间也是一个好的处理方法。用一段间隔的时间使双方态度都冷静一下，从而使客户的心情得以舒缓，便于找到解决问题的方法。

(3) 冷静分析化解不满

业务接待人员聆听客户的抱怨后，必须冷静分析原因，并在表达歉意的基础上，许诺客户问题将尽快得到解决，从而平息客户的情绪，控制局面。

(4) 采取适当应急措施

1) 向客户提供多个解决方案，让客户了解企业解决问题的诚意，感到自己受尊重而满足。

2) 诚恳地向客户承诺。

3) 给予客户适当的补偿。为了弥补公司操作中的一些失误，业务接待人员可以在企业允许范围内给予客户解决问题之外的一定补偿。

任务实施

1. 将表1—2—1左栏中的习惯用语转换为业务接待人员接待时使用的专业表达用语，并填入右栏中。

表1—2—1　　习惯用语与专业表达用语的转换

习惯用语	专业表达用语
你的名字叫什么？	
你必须……	
你错了，不是那样的！	
你做得不对，……	
你没有弄明白，这次听好了。	

2. (1) 客户质问："为什么我不能自己开车到车间，或是进车间看自己车辆的维修过程呢?"

你的处理：

(2) 客户质问："和你们这里一样的配件，为什么在外面汽配市场购买的价格便宜很多?"

你的处理：

(3) 客户质问："为什么维修等待的时间这么长?"

你的处理：

(4) 客户质问："你们是怎么修车的，同样的问题修了好几遍，你们到底能不能修好?"

你的处理：

3. (1) 拨打电话的训练 (表 1—2—2)。

表 1—2—2　　服务人员拨打电话的流程与表达方式

服务人员拨打电话的流程	表达方式
1. 准备资料 准备好有关资料、记录本、笔等 安排好说话的内容和顺序 外界的杂音或私语不能传入电话内	□已准备　□未准备
2. 报上公司的名称和自己的姓名 清楚且有礼貌地说话	□是　□否
3. 问候通话客户 音量适度，不要过高	□适度　□过高　□过低
4. 确认电话对象 确认对方身份 请求方式恰当 语言表达简洁 如果通过他人找到的客户，接通电话后，应重新对客户问候	□是　□否 □有　□无
5. 说明来电目的 清楚、简洁地向客户说明来电事宜 在讨论到重点时应格外有礼貌 当寻找的客户不在，需要稍后再拨时，恰当表达 当寻找的客户不在，需要给其留言时，恰当表达 希望客户回电话时，恰当表达 如果客户忙而无法接听电话时，恰当表达	□已说明　□未说明

续表

服务人员拨打电话的流程	表达方式
6. 使客户知道所谈的事项 表达要让客户容易理解 表达结束后应再次确认客户已经明白	□是　□否
7. 通话挂断前，再次问候 通话结束时，向客户表达诚挚的感谢 用简洁的语言表达电话来访而打扰到对方的歉意	□是　□否
8. 挂断电话 等客户挂断后，再挂电话（应先以手指轻压电话，再将话筒挂上）	□是　□否

（2）接听电话的训练（表1—2—3）。

表1—2—3　　服务人员接听来电的流程与表达方式

服务人员接听来电的流程	表达方式
1. 铃响时快速接听电话 铃响三声内接听电话 在手边准备好纸笔	□已准备　□未准备
2. 自报公司名称、姓名及工号（或者职位） 说话清楚且有礼貌	
3. 确认客户的身份 如果有需要，请客户重复姓名 如果客户未表明姓名，应礼貌询问客户的姓名	
4. 简短地问候来电的客户 使用寒暄用语	
5. 询问客户来电的目的，并记下来电要点 确认要点 使用正确的倾听技巧	
6. 向客户重复要点（或谈话主要内容） 确定正确无误 确定客户要找的人 复述名字（注意使用尊称）及部门，并将电话转接给当事人	
7. 挂断前，再次向客户问候 表达衷心问候 按保留键 将电话转接给别人 转接电话时应耐心，有礼貌	

活动 3 "5S"现场管理实施

学习目标

1. 了解"5S"现场管理的概念。
2. 掌握"5S"现场管理的主要内容。
3. 能够按环保要求处理废弃物。

任务描述

某品牌汽车 4S 店业务主管安排新上岗的业务接待人员到不同的汽车维修企业的汽修车间参观，记录下不同汽修企业车间的工作环境、存放工具和配件的仓库环境，如图 1—3—1 所示。业务主管要求新上岗的业务接待人员熟悉和掌握"5S"现场管理的基本概念和原理，以此为标准评价汽修企业的车间工作环境、仓库环境，并进一步将"5S"贯彻到自己的岗位工作当中。

图 1—3—1 汽修企业的车间环境和仓库环境对比

a）汽修车间的环境 b）存放汽修工具的仓库环境

获取信息

一、"5S"现场管理的概念

"5S"是整理（Seiri）、整顿（Seiton）、清扫（Seiso）、清洁（Seiketsu）、素养（Shitsuke）这五个词的缩写。“5S”现场管理起源于日本，是指在生产现场中对人员、机器、材料、方法等生产要素进行有效的管理，这是日本企业独特的一种管理办法。随着企业管理的进一步发展，有的企业在原来“5S”的基础上又增加了安全（Safety），即形成了“6S”；有的企业增加了节约（Saving），形成了“7S”；有的企业加上效率（Speed）、服务（Service）及坚持（Shikoku），形成了“10S”；有的企业甚至推行“12S”。但是，万变不离其宗，这些都是从“5S”中衍生出来的。

二、“5S”现场管理的主要内容

“5S”现场管理的主要内容见表1—3—1。

表1—3—1　“5S”现场管理的主要内容

“5S”	定义及图示	目的	实施要点
整理（Seiri）	区分必要物品与不必要物品，坚决扔掉不必要物品  整理后的工具柜	腾出空间；防止误用、误送；打造清爽的工作场所	全面检查，制定要与不要的标准，物品分类保管场所的确定具体见表1—3—2；按标准清除；每日自我检查
整顿（Seiton）	必要的物品定置摆放，加以标识，使用时随手拿到 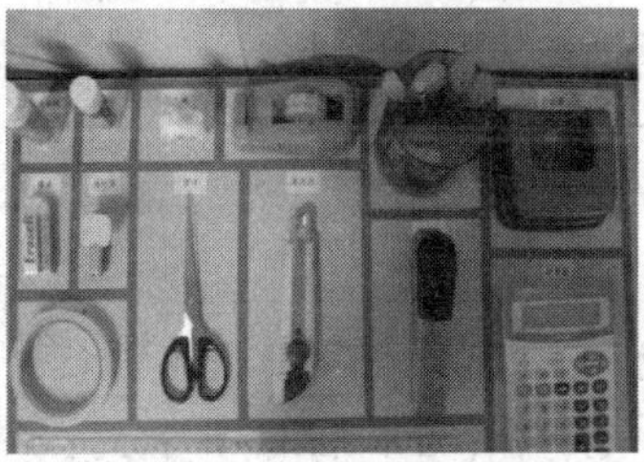 办公用品管理	消除寻找所浪费的时间；工作物品清楚、明了；消除过多的积压物品	落实整理工作，大量使用目视管理 三要素原则：场所、方法、标识 三定原则：定点、定量、定容
清扫（Seiso）	清除工作场所内的脏污，并防止脏污的发生，保持工作场所干净、亮丽  干净的车间	好的环境令人心情愉快；消除脏污对产品或服务品质的影响；减少工伤事故	建立清扫责任区，执行例行扫除，清理脏污；调查污染源，杜绝或隔离；建立清扫标准，作为作业规范

续表

"5S"	定义及图示	目的	实施要点
清洁 (Seiketsu)	将上面"3S"的做法制度化、规范化，并贯彻实施 干净整齐的维修区	维持"3S"	落实上述"3S"的工作，决定"5S"时间；制定评比方法、奖惩制度，并加强执行；高层主管带头巡视
素养 (Shitsuke)	养成好习惯，依规定行事，培养积极进取的精神 职工素养	培养具有好习惯、遵守规则的员工，营造团队精神	制定服装、仪容标准；制定共同遵守的有关规则、规定；制定礼仪守则；加强员工的教育和训练

表 1—3—2　　物品分类保管场所的确定

物品类型	使用频率	处理方法	建议场所
不用	全年一次也未使用	废弃、特别处理	待处理区
少用	平均 2 个月～1 年用一次	仓库分类管理	集中场所（如工具室、仓库）
普通	1～2 个月使用 1 次或以上	放置在车间内	各摆放区
常用	一周使用数次	仓库内分类管理	如机台、流水线旁的工具箱、工具盒
	一日使用数次	工作区内	
	每小时都使用	随手可得	

三、维修废弃物的种类与处理措施

1. 废水

汽车维修企业排放的废水来自汽车维修各工序的排水、汽车清洗废水和生活污水。清洗汽车发动机、零部件时排出的废水 pH 值（即酸碱性）、含油量和 COD（化学需氧量，是衡量污水中有机污染物含量的指标）不达标。如果废水不经处理直接排放到下水道，会造成环境严重污染。

2. 废弃制冷剂

含有氟利昂的空调制冷剂对臭氧层有巨大破坏作用。而因为汽车空调在开放环境中工作，所以其制冷剂对环境的破坏性更强。虽然目前车用制冷剂已经由污染性较强的 R12（二氯二氟甲烷）改为低污染的 R134a（四氟乙烷），但是废弃制冷剂直接排放到大气中，依然有较大的污染。

3. 废弃油脂类污染物

油脂类污染物是指石油原油及其产品，主要包括各种原油、汽油、柴油、煤油、润滑油等。其为混合物，主要成分为直链、支链和环烷烃类、多环芳烃及不饱和烃类等。

4. 维修废弃物的处理措施

政府相关部门制定有关污水排放的标准，监督和管理汽车维修企业的污水处理与排放行为。企业可以对车身清洁维护时要使用汽车外部清洗设备和污水处理及节水设备，降低废水的污染指数。

政府相关部门设立回收管理机构，并通过相关化工企业，对废弃油脂类污染物进行分类管理，以进行再生利用。同时，政府相关部门延伸监管范围，制定回收补偿标准和污染处罚细则，采取“门到门”的服务措施，使各类废弃污染物回收形成社会自觉行为。

任务实施

结合工作场地（实训场地或一体化教室）的实际情况，认真填写“5S”检查表（表1—3—3），自我评价。根据“5S”检查表的得分，找出自己存在的问题。

表 1—3—3　　“5S”检查表

项目	内容	配分	得分	问题点
整理	桌子、抽屉是否杂乱	20		
	工作场地的视野是否良好，是否有障碍物堆放而阻碍视线			
	下课时桌子上是否干净、利索			
整顿	资料、作业文件等有无定位化（配合颜色、区域线管理）	20		
	能否随时取出必要书籍、资料等			
	桌子上的资料、作业文件等是否控制在最低数量			
	是否以区域线规划桌子、文件架、通道位置			
	是否规定常用物品存放场所，并加以管理			

续表

项目	内容	配分	得分	问题点
清扫	地面、桌面是否杂乱	20		
	垃圾箱是否溢满			
	电源、电线是否杂乱			
	设备是否有污垢与尘埃			
	开水供应处是否干净			
清洁	是否有设备、工具、量具管理制度	20		
	资料是否分类存放			
	工作场地是否划分区域并责任到人			
素养	有无迟到、早退现象	20		
	工作、学习是否主动			
	是否穿工作服			
	日常是否使用普通话交谈			
	是否具有良好的服务意识与团队意识			
总　计		100		

任务二　汽车维修业务接待服务基本流程

活动 1　维修业务接待前准备

学习目标

1. 能够识读接车单。
2. 了解送修车辆接车流程与内容。
3. 能够正确选取和使用接车检查工具、用具。
4. 能够完成接车工作。

任务描述

某品牌汽车 4S 店的业务接待人员小张在客户王先生预约的汽车保养时间到达前，开始做相应的接待准备工作，以保证接待工作与后续维修工作的顺利开展，使客户对 4S 店的服务满意。

获取信息

一、接车单

接车单即送修车辆进入维修企业后，汽车维修业务接待人员记录送修车辆基本情况和客户要求的单据，是客户委托修理的重要单据。在不同的企业中接车单的形式略有不同，区别在于企业的特殊要求、指定个性化的检查项目。接车单中一般包含车辆基本信息栏、环车检查图、客户故障表述栏等基本项，其他内容可以结合维修（或者保养）项目进行添加或者与其他单据合并使用。

1．汽车维修厂的接车单

汽车维修厂的接车单一般又称为工作单，实例见表 2—1—1。

表 2—1—1　　汽车维修厂接车单（工作单）

0005250

客户姓名：	车型：	车牌号码：
联系地址：		年份：
里程：	识别码：	
联系电话：	出厂日期：	

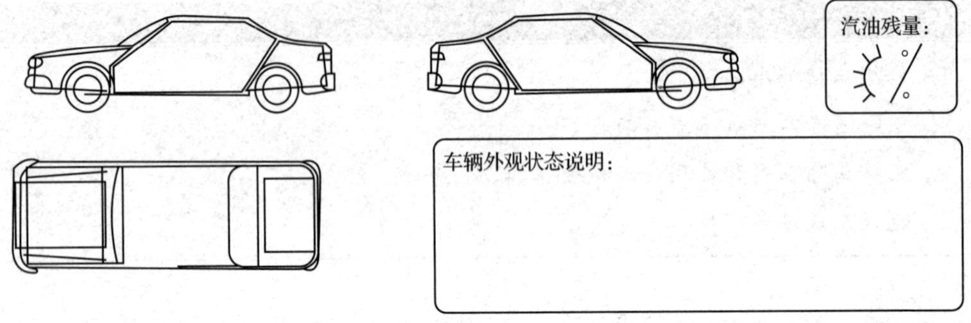

客户对车辆的故障描述：

检测结构：

维修项目	工时估价	配件估价

客户：　　前台接待：　　技术主管：

2. 汽车 4S 店的接车单

汽车 4S 店的接车单包括环车检查单、施工单，实例见表 2—1—2、表 2—1—3。

表 2—1—2　　　　环车检查单

客户姓名		电话		车牌号	
行驶里程	km	来店时间			

客户陈述及故障发生时的状况：

（故障发生状况提示：行驶速度、发动机状态、发生频度、发生时间、部位、天气、路面状况）

接车员检测确认及建议：

车间检测确认结果及主要故障零部件：

车间检查确认者：

外观确认：

（在有缺陷的部位进行标识）

功能确认：（工作正常画“√”，不正常画“×”）

☐音响系统　☐门锁（防盗器）　☐全车灯光

☐工具　☐后视镜　☐天窗　☐座椅

☐点烟器　☐玻璃升降器　☐玻璃

物品确认：（有画“√”，无画“×”）

F　E

☐贵重物品提示

☐工具　☐备胎　☐灭火器

☐其他（　　　　）

旧件是否交还客户　☐是　☐否

客户是否需要洗车　☐是　☐否

＊检测费说明：如果客户在本店维修本次检测的故障，检测费包含在修理费用内；如果客户不在本店维修，请支付检测费，本次检测费为￥________元。

＊贵重物品：在客户将车辆交给本店检查修理前，已提示客户将车内贵重物品自行收起并保存好，如有遗失恕不负责。

接车员：　　　　　　客户确认：

表 2—1—3　　汽车施工单

车牌		车型		颜色		里程		入场时间	

问诊表	车辆环车检查结果	
时间：最近 □　一周前□　其他	正常画“√”，异常画“×”	前保险杠 车辆前部 前挡玻璃 左前门　右前门 左后门　右后门 尾箱盖 后保险杠 车辆外观正常□
频率：一直 □　有时 □　仅一次□	故障灯 □　音响□　点烟器□	
故障灯：常亮□　闪烁 □　其他 □	燃油量：	
路况：柏油路□　水泥路□　颠簸路□	水温 □　喇叭□　刮水器□	
工况：冷车 □　热车 □　车速 □	随车工具□　备胎□　升降器□	
客户诉求及故障现象描述：	门窗玻璃□　内饰□	
	贵重物品确认：无□　有□	
	特别说明：	
	服务顾问	客户环车确认

定期保养检查项目表

说明：在“结果”栏中，合格画“√”，清洁记“C”，更换记“R”，建议更换画“×”（在备注中说明）

序号	作业项目	结果	备注	序号	作业项目	结果	备注
1	发动机机油			17	空气滤芯		
2	机油滤清器			18	空调滤芯		
3	传动带			19	喇叭		
4	发动机冷却液			20	灯光检查		
5	制动液			21	刮水器及清洗器		
6	变速箱油			22	制动踏板和驻车制动器		
7	蓄电池			23	加速踏板		
8	空调制冷剂剂量			24	燃油滤清器 *		
9	制动摩擦片			25	火花塞 *		
10	制动盘			26	差速器齿轮油 *		
11	制动管路渗漏检查			27	左前轮胎气压　kg/cm²，花纹　mm		
12	悬挂装置			28	右前轮胎气压　kg/cm²，花纹　mm		
13	转向节			29	左后轮胎气压　kg/cm²，花纹　mm		
14	驱动轴			30	右后轮胎气压　kg/cm²，花纹　mm		
15	排气管和装配件			31	备用轮胎气压　kg/cm²，花纹　mm		
16	燃油管路、油箱				* 项目除白金、铱金火花塞 10 万公里检查外，其余每 4 万公里进行一次保养检查		

下次入场维修、保养建议或用车建议	交车前检查及交车说明确认项目	
	维修过程无损伤确认	是□　否□
	车辆内外清洗确认	是□　否□
	旧件保留确认	是□　否□
下次保养时间：　年　月　日　保养里程：　km	作业项目说明	是□　否□
回访方式： 电话□　短信□　电子邮件□　其他□	作业结果说明	是□　否□
回访说明：	故障排除客户确认	是□　否□
时段：9：30—11：30□　15：00—17：30□	贵重物品交接确认	是□　否□
业务接待人员已向客户说明维修、保养内容，并做环车检查和交车确认，客户诉求的维修、保养项目已完成，要求维修的故障已解决	客户认可签字	

二、接车检查工具、用具

接车检查工具、用具主要用于维修前接车阶段的车辆基本检查，包括车内三件套（图2—1—1）、车外三件套（图2—1—2）、制动液含水量检测仪（笔）、白色手套、手电筒等。

a）

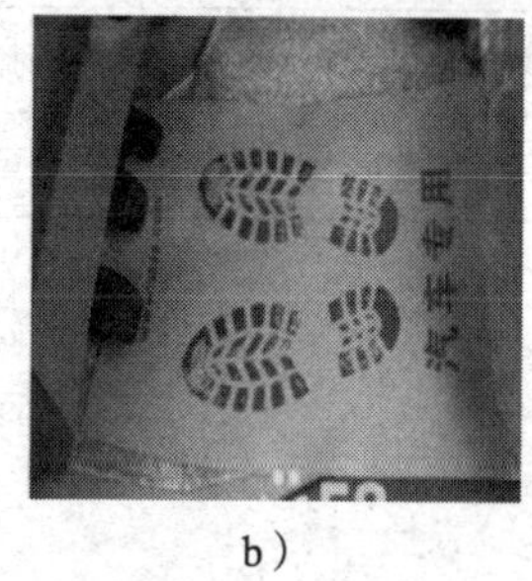
b）

c）

图2—1—1　车内三件套

a）座椅套　b）地板垫　c）方向盘套

1. 制动液含水量检测仪（笔）

如果制动液的含水量过高，会导致其沸点降低，影响汽车制动性能。制动液含水量检测仪（笔）是根据电导率的变化来测定制动液的水分变化。它通过发光二极管清晰地显示制动液水分含量的程度，能够让车主直观地判断。图2—1—3所示为制动液含水量检测仪、检测笔。其上彩色发光二极管点亮的含义见表2—1—4。

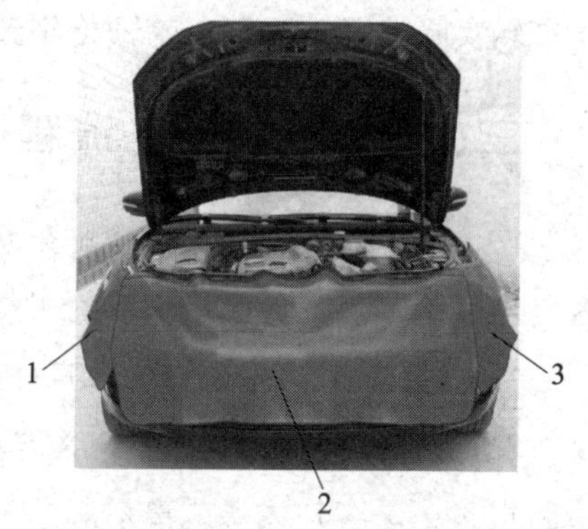

图2—1—2　车外三件套

1、3—翼子板布　2—前栅格布

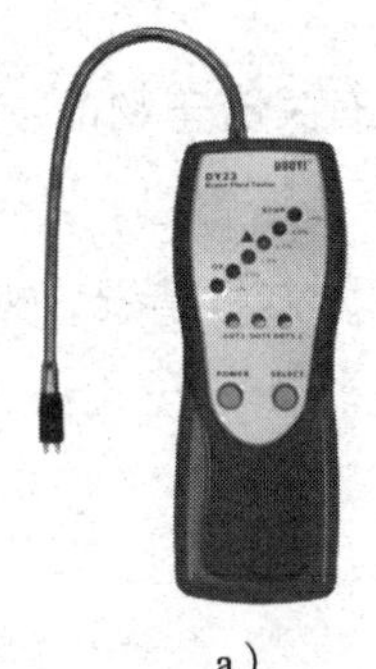
a）

b）

图2—1—3　制动液含水量检测仪、检测笔

a）检测仪　b）用检测笔检测

表 2—1—4 制动液含水量检测仪（笔）彩色发光二极管点亮的含义

彩色发光二极管颜色	亮的含义
绿色	制动液中不含水
绿色/黄色	制动液中含水量低于 1%，制动液性能好，可放心使用
绿色/黄色/黄色	制动液中含水量约 2%，制动液可继续使用
绿色/黄色/黄色/红色	制动液中含水量约 3%，建议更换制动液
绿色/黄色/黄色/红色/红色	制动液中含水量至少 4%，需立刻更换

2. 白色手套

白色手套在检查汽车中各类油液是否泄漏或者在检查车辆精致配饰及接触车内贵重物品时使用。

3. 手电筒

当照明条件不佳时或者在车辆底盘检查过程中，手电筒可以帮助业务接待人员清晰地观察车辆实际情况，保证车辆预检细致、准确。

三、维修接待业务流程

按照工作内容划分，维修业务接待工作可以划分成两个阶段：迎接客户送修阶段与恭送客户离厂阶段。业务接待人员的工作程序如下：

1. 接待前来公司送修的客户。

2. 受理业务，询问客户来意与要求；技术诊断；报价，决定是否进厂，或预约维修或诊断报价；送客户休息或离厂。

3. 将报修车送入车间，办理交车手续。

4. 维修期间，就维修增加项目及费用等向客户征询意见和获得其同意，同时与车间维修技术人员交换工作意见。

5. 将竣工车从车间接出，检查车辆外观技术状况及有关随车物品。

6. 通知客户接车，准备客户接车资料。

7. 接待前来公司取车的客户，引导客户视检竣工车，汇报情况，办理结算手续、恭送客户离厂。

8. 对客户跟踪服务。

汽车维修业务接待程序实例如图 2—1—4 所示。

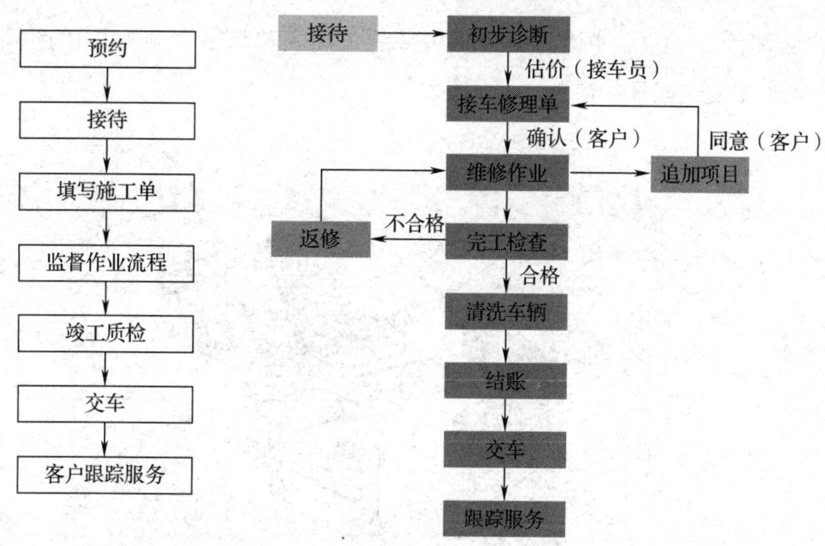

丰田公司“七步法”维修业务接待程序　　广汽公司维修业务接待程序

图 2—1—4　汽车企业维修业务接待程序实例

任务实施

1. 根据表 2—1—5 右栏中的图示，填写维修业务接待主要环节需要准备的物品。

表 2—1—5　　维修业务节点环节的准备物品

接待环节：接车 准备物品：	
接待环节：交车 准备物品：	
接待环节：电话预约 准备物品：	

2.（1）将图 2—1—5 中汽车维修保护垫的正确名称填入图下对应的序号旁，并分组练习如何正确地铺装这些保护垫。

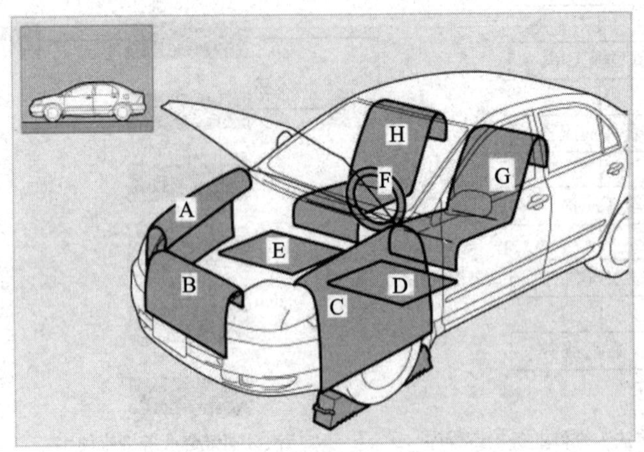

图 2—1—5 汽车维修保护垫

A—__________ B—__________ C—__________ D—__________

E—__________ F—__________ G—__________ H—__________

（2）铺设车外三件套的作用是什么？

（3）汽车进行什么项目检测时需要铺设车内三件套、车外三件套？

活动 2 客户预约

学习目标

1. 熟悉预约工具、预约分类。
2. 掌握预约内容及预约准备。
3. 能够完成电话预约工作流程。
4. 能够正确处理预约中客户的要求。

任务描述

某品牌汽车 4S 店的业务接待人员小李接到客户王先生来电预约其车辆进行保养。小李按照店里规定的预约工作标准流程，和王先生沟通，并确认预约的相关信息。电话挂断后，小李继续完成预约信息的录入、归档等。

获取信息

一、预约的目的

有效的预约对客户和汽修企业两方面都有益处。成功预约后，客户可以自由地安排自己的时间，最大限度地缩减到店等待时间。而汽修企业可以根据客户的预约，合理地安排维修人员、工作量和备料，避免时间、人员的浪费，提高工作效率和客户满意度。

二、预约的相关工具

业务接待人员在进行客户预约工作中所应用的工具主要有预约单、预约汇总表、前台预约看板、车间预约看板、预约欢迎牌、预约车顶牌。

1. 预约单

根据来电预约和现场预约的内容，业务接待人员准确、完整地填写预约单（表 2—2—1）。其中，预约内容直接关系到维修人员安排和配件储备等前期准备工作。

表 2—2—1　　预约单

预约时间		牌照号码		车型	
客户姓名		联系电话		接待人	
预约内容					

2. 预约登记汇总表

业务接待人员把每次填写的预约单汇总成表（即预约登记汇总表，表 2—2—2），报送上级管理人员，以便其查阅和监督。

表 2—2—2　　预约登记汇总表

序号	预约时间	客户姓名	联系电话	车型	牌照号码	预约内容	业务接待
1							
2							
3							
…							

3．预约管理看板与车间维修预约看板

看板主要用于展示当前维修资源占用情况。预约管理看板（表 2—2—3）设置在接待前台附近，方便业务接待人员随时了解车辆维修近况和车间维修人员空闲情况。车间维修预约看板（表 2—2—4）设置在车间通道附近，方便车间主管或班组长随时了解班组工作内容。

表 2—2—3　　预约管理看板

预约时间	车牌 & 车型	客户尊称	预约服务项目	维修组	业务接待
8：30	×××× ×××	李女士	保养	机电一组	A
9：00	×××× ×××	赵先生	保养	机电二组	A
9：30	×××× ×××	刘女士	钣金	钣金组	B
10：00	×××× ×××	王先生	保养	机电一组	C
10：00	×××× ×××	周先生	维修	机电二组	B
…	…	…	…	…	…

表 2—2—4　　车间维修预约看板

客户及车辆信息					到达时间	再次确认时间	取送车	将要完成的任务	业务接待
客户姓名	电话	车牌	车型	公里数					

4．预约欢迎牌、预约车顶牌

一般在客户维修当天，预约欢迎牌放置在维修厂（或 4S 店）入口处，提示客户的预约时间，表示欢迎；在预约车辆到达后，业务接待人员将预约车顶牌放置在客户车顶，使预约车辆和普通来店的客户车辆从视觉上明显区分开。预约欢迎牌和预约车顶牌（图 2—2—1）能给客户备受关注、尊享的感觉，可以提高客户的归属感。

图 2—2—1　预约欢迎牌和预约车顶牌

三、预约的分类

维修预约一共有两种：主动预约和被动预约。

1. 主动预约

主动预约是指经销商主动联系客户进行维修、保养的预约。很多客户因为工作等原因无法对车辆的性能时时关注，或者对自己的汽车不够了解，不清楚何时应该进行维护或者维修。这就需要汽车维修中心的业务接待人员定期参考客户的档案，主动致电客户，提醒客户按时进行汽车保养，并与其预约时间。这种预约行为属于主动预约。

主动预约一般常用于车辆换季保养、新店开业特惠活动、车友会等一些品牌推广活动中，使客户感受到汽修企业的贴心关怀，增进对企业的信任度，同时也帮助企业推广产品和服务，增加维修企业的业务量，提高企业经济效益。

2. 被动预约

被动预约是指客户主动联系经销商进行维修、保养的预约。当客户在驾驶过程中发现汽车发生故障，或者部分客户从汽车使用手册中了解到汽车定期保养的信息，就会主动致电维修厂或 4S 店，与业务接待人员预约时间、工位、配件等。

四、预约内容

业务接待人员可以按照以下内容与客户商讨预约事宜。

1. 向客户问好，自我介绍。
2. 询问客户的姓名、车型、车牌号、大致的行车里程和联系电话。
3. 询问并确定客户预约到店的时间。
4. 预估维修服务所需时间和费用。
5. 询问客户是否需要代步工具。
6. 再次确认客户预约项目、所需零件名称、大致的维修报价、到店维修时间。
7. 感谢客户来电。

五、预约注意事项

1. 在铃声响三声之内接电话。
2. 守约，即兑现对预约客户的所有承诺。
3. 记录所有需要的信息和客户对故障的描述。
4. 根据客户要求和维修车间的能力约定时间。通常在两辆预约车的时间段之间留出 15 min 的间隔时间。
5. 告知客户诊断结果和解决方法，以及所需费用和时间。
6. 预约项目开始一天前和一小时前，确认各项准备工作和客户履约情况。

7. 必须提醒客户带随车文件（如驾驶证、保养手册等）和随车工具。

8. 预约结束时须向客户表达感谢，如“欢迎您光临×××汽车维修公司（或×××4S店）!”“×××汽车维修公司（或×××4S店）期待您的光临!”。

9. 对于未预约成功的客户，可以真诚致歉:“非常抱歉，这次未能满足您的需求。如果您今后有需要，欢迎再次预约。”

六、预约后准备工作

客户预约电话结束后，业务接待人员要为后续开展的维修或保养项目进行准备。

1. 准备并填写纸质（或电子版）预约单。
2. 建立或调取客户资料，了解客户车辆信息。
3. 了解维修所需备件情况。
4. 填写预约登记汇总表和预约看板，方便维修人员了解预约维修或保养内容情况。
5. 如果预约不能如期进行，应尽快通知客户，向其致歉并重新预约。

知识拓展

如何接待预约与非预约的客户

1. 无差别地表示欢迎

在接待预约客户和非预约客户时，业务接待人员应该同等真诚地表示欢迎，避免使非预约客户感觉被忽视或被歧视。

2. 向非预约客户解释预约的好处

在接待时非预约客户时，业务接待人员除了保持同样的接待热情外，还要向非预约客户介绍企业的预约系统、预约及其方式所带来的好处。例如，如果客户采用预约，可以消除或缩短等待的时间；按照预约的安排，客户准点到达，马上就有业务接待人员用15 min专门接待他。

3. 鼓励客户使用预约系统

采用优惠措施鼓励客户使用预约系统。例如，使用预约系统预约，可以享受打折、优惠或者赠送纪念品；连续预约五次，就给予较低的折扣。

拓展思考：常见的引导客户主动与汽修企业预约的方法有哪些?

任务实施

1. 按照表2—2—5中的客户预约工作标准流程，各组讨论并填写流程①～⑦环节的业务接待表述。

表 2—2—5　　客户预约工作标准流程及业务接待表述

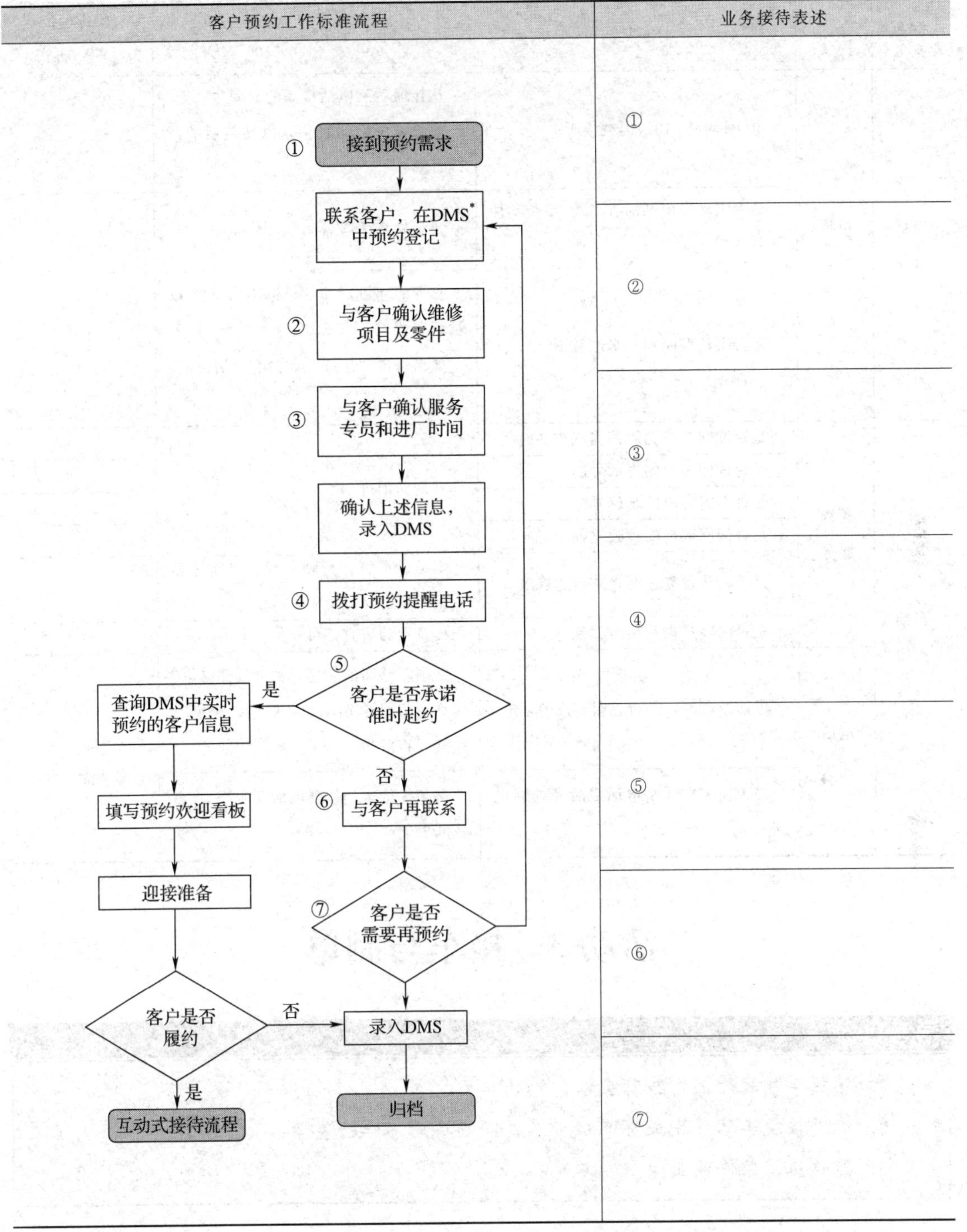

* DMS 的英文全称为 Dealer Management System，在汽车 4S 店中 DMS 是指汽车经销商管理系统，主要用于管理汽车公司庞大的销售网络。

2. 各组选派一名代表扮演某品牌汽车 4S 特约店业务接待人员，与教师完成电话预约流程。各小组及教师完成任务实施评价表（表 2—2—6）。

表 2—2—6　　任务实施评价表

环节	阶段	评价项目	评价标准	操作评价（是/否）
电话接待	电话礼仪	电话是否在 10 s 内被接听	从接通后到电话接起的时间 如果需要电话转接，以转接后的时间计算	
		是否主动报出某品牌汽车 4S 特约店的名称	要告知具体店名	
		是否主动询问客户来电意图	有询问即可，如“请问有什么可以帮到您?” 如果只说“您好”而没有敬语询问，应选否	
预约接待	预约服务	是否询问客户到店保养汽车的时间	有询问即可	
		是否询问客户的电话号码		
		是否询问客户的车牌号		
		是否询问客户的行驶里程		
		是否确认及复述客户来店的需求	电话、车牌、行驶里程、时间等要点缺一不可	
		是否向客户提及预约服务	提及预约事宜即可	
	电话礼仪	电话结束前，是否感谢客户的来电	必须含感谢的表达，如“谢谢来电” 如果只是道别，如“好的，再见”，应选“否”	
		是否在客户挂断电话之后才挂断电话	必须等待客户挂断电话至少 2 s，再挂断电话	

活动 3　接车与制单

学习目标

1. 掌握车辆故障问诊技巧。
2. 能够按绕车顺序完成环车检查，并正确填写环车检查单。
3. 能够填写维修施工单（制单）。

任务描述

客户李先生按预约驾车到店进行汽车保养，业务接待人员小张按标准接待流程接待来店客户（图 2—3—1），引导客户进行环车检查，并正确填写相应的维修工单。

图 2—3—1　接待到店预约客户

获取信息

一、接车目的

车辆进店时，业务接待人员热情相迎，会使客户对汽修企业的印象良好，并初步建立信任感。在对车辆的环车检查过程中，业务接待人员展示出较高的业务水平和职业素质，并与客户进行有效的沟通，会进一步提升客户的信任度。同时，业务接待人员掌握车辆情况，可以为下一步的维修、保养提供依据。

二、接车与制单的工作内容

1. 礼貌、热情地迎接客户

客户到店，业务接待人员应主动起身迎接，面带微笑地问候客户，并协助客户将车辆引导至指定区域。通过核对车牌或车型确认预约的客户，尊敬称呼客户的姓名，以示热情、亲切，并将其引导至预约服务通道；对未预约的客户，应在表示真诚欢迎之后，立刻开始服务，以示对其重视。

2. 询问并倾听客户需求

客户到店后，业务接待人员首先要认真了解客户的需求和到店的目的，如客户想给自己的汽车进行什么样的保养或维修。

在客户提出维修、保养方面诉求时，业务接待人员应专注聆听，然后以专业的态度、通俗的语言回答客户的问题。当客户车辆必须进行技术诊断才能做出维修决定时，应先征得客人同意，然后开始技术诊断。业务接待人员遇到疑难技术问题时，应立即通知专职技术人员迅速到接待车位予以协助，以尽快完成技术诊断。技术诊断完成后，应立即打印或填写诊断书，明确车辆故障或问题所在，然后把诊断情况和维修建议告诉客户；同时，把检测诊断单呈交客户，让客户进一步了解自己的车况。

【小秘籍】

接车环节的问诊

接车环节的问诊并非要求业务接待人员诊断故障或问题，而是需要业务接待人员向技师提供准确和完整的故障现象描述，帮助维修技师决定采取正确的行动。

3. 与客户一同进行环车检查并记录

为避免在客户提车时产生不必要的误会和纠纷，业务接待人员在车辆进入维修车间前必须与客户一起对车辆进行环车检查。环车检查的主要内容有车辆外观检查、车内内饰和物品检查、发动机舱和行李箱检查等。通过检查，一方面可以使汽修企业免受不应有的赔偿（如外观上的刮痕、物品的丢失或损坏），另一方面可以帮助客户发现车辆潜在的故障隐患（如轮胎过度磨损，刮水片的磨损，冷却液、自动变速器液的性能改变等）。

4. 提醒客户取走车内贵重物品

业务接待人员应向客户明确建议，取走车内的贵重物品，并为客户提供装物品的袋子。如果有些物品（如车载导航仪、MP3等物品），客户不愿拿走，业务接待人员可以将物品收到前台的储物柜中，并记录在环车检查单上。不方便携带的大件物品可以记录在环车检查单上，并向调度室说明情况。

5. 制作维修工单

（1）制作要点

维修工单（简称工单）是一个合同。在客户签字之前，必须向客户说明五个问题（俗称“五项确认”），具体如下：

1）工单中所做的服务项目。

2）工单中的服务项目工料合计所需要的费用（估算值与实际值误差不能超过10%）。

【小知识】

估价方法

与客户确定维修估价时，一般采用系统估价的方法，即按排除故障所涉及的系统进行维修收费。

一时难以找准故障所涉及到的系统时，可以采用现象估价方法，即按排除故障现象为目标进行维修收费。但是，这种估价方式风险大，工作经验不足的业务接待人员不要轻易尝试。

3）工单中的服务项目所需的大概时间。业务接待人员要在掌握公司现时维修、养护情况和汽车配件供应的情况下，承诺交车时间，并留有一定的余地。

4）是否要保留更换下来的配件和保留的放置地点。

5）是否洗车。

（2）注意事项

1）如果客户的车辆所维修的项目不是常见维修项目，业务接待人员应先咨询公司内配件是否有货，无货时多长时间可以到货。

2）将客户车辆的车钥匙拴上钥匙卡，注明车牌号、工单号、业务接待名字、车型、车辆颜色、车辆停放位置。如果客户有钥匙链，还要在工单明显处注明。

3）对于重要的客户或者营运车辆，必要时应签署行业统一下发的机动车辆维修合同(见附录)。

6. 维修期间对客户的安排

（1）客户在维修点等待

签好工单或合同后，如果车辆维修时间不长，客户希望等候取车，业务接待人员应将客户引到休息室休息。

（2）客户离开

如果车辆维修时间较长，业务接待人员应明确告知客户，并询问其是否回去等待。这时候，可以在客户的要求下提供代用车。如果没有代用车，就要向客户提供可选择的交通工具信息，如在哪里可以乘搭公共汽车，或者哪里可以方便截停计程车等。

7. 把车辆送往待修区

将客户安排好后，业务接待人员就应把车开到待修区。

三、环车检查表

1. 环车检查表

环车检查表（表2—3—1）在接车单中占据了较大的内容。环车检查表主要对环车检查项目进行标注和确认，并且作为维修后交车时的车辆原始状况的凭证。环车检查表所列的项目业务接待人员都必须进行检查，并且规范填写。

表2—3—1　　　　环车检查表

<table>
<tr><td colspan="4">车辆环车检查结果</td></tr>
<tr><td colspan="2">正常画“√”，异常画“×”</td><td colspan="2" rowspan="8">前保险杠
车辆前部
前挡玻璃
左前门　右前门
左后门　右后门
尾箱盖
后保险杠</td></tr>
<tr><td colspan="2">故障灯□　　音响□　　点烟器□</td></tr>
<tr><td colspan="2">燃油量：</td></tr>
<tr><td colspan="2">水温□　　喇叭□　　刮水器□</td></tr>
<tr><td colspan="2">随车工具□　　备胎□　　升降器□</td></tr>
<tr><td colspan="2">门窗玻璃□　　内饰□</td></tr>
<tr><td colspan="2">贵重物品确认：无　　有：</td></tr>
<tr><td colspan="2">特别说明：</td></tr>
<tr><td>服务顾问</td><td></td><td>客户环车确认</td><td></td></tr>
</table>

2. 环车检查顺序及内容

以丰田公司 8 位环车检查为例介绍环车检查顺序及内容，如图 2—3—2 所示。

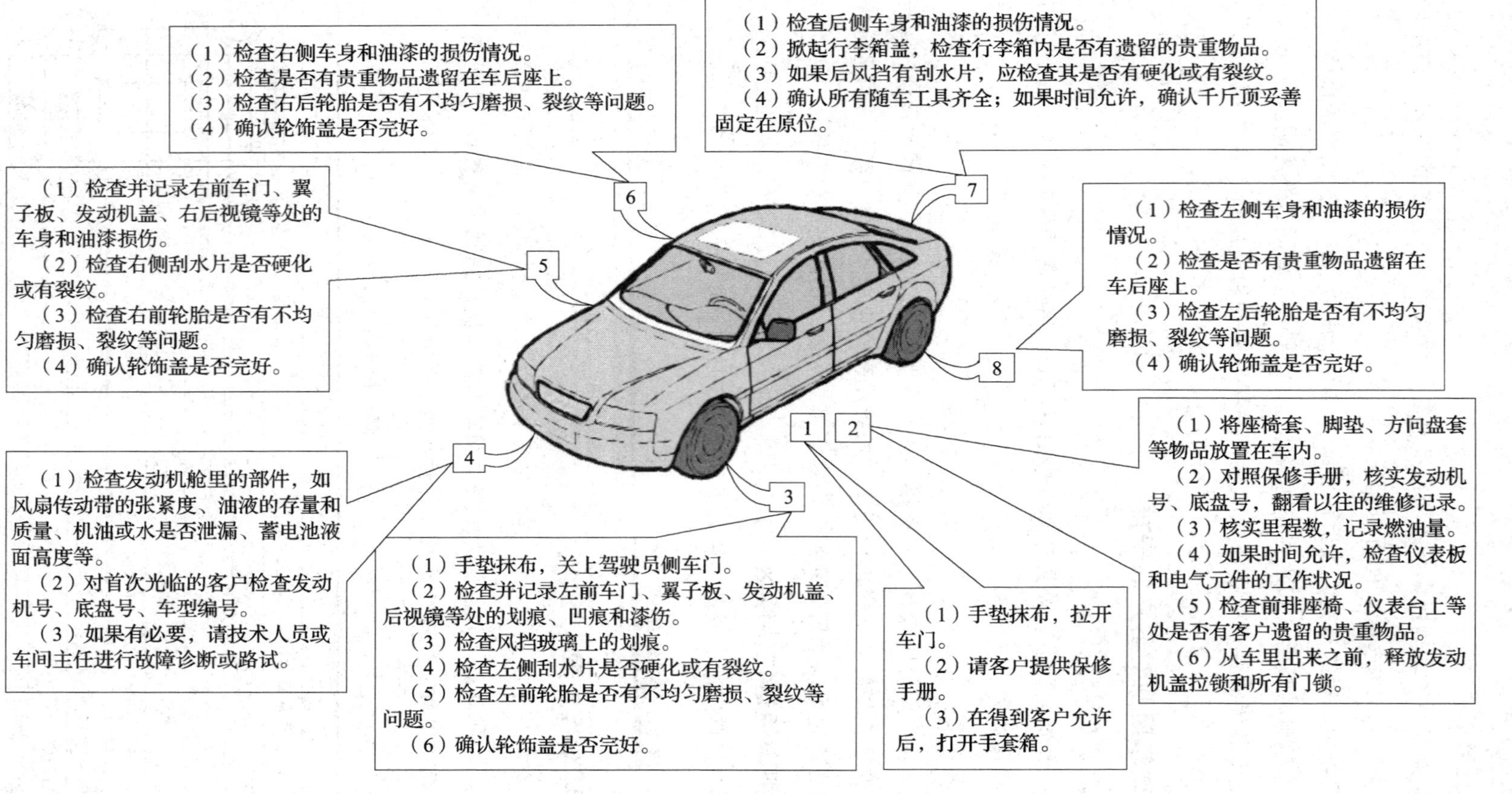

图 2—3—2 环车检查顺序及内容

任务实施

1. 分组对实训用车进行环车检查。

(1) 车辆外观检查（表2—3—2）。

检查的环境要求：光线良好。

检查方法：近距离目视检查，即在距离检查部位1 m处，从正面及各个侧面等多个方向目视检查。

表2—3—2　车辆外观检查

步骤	检查内容	检查练习
检查全车金属、油漆表面质量	1. 金属表面平整度良好，无凹凸缺陷 2. 车身表面的油漆无划伤、色差、漏漆、流挂、灰粒、暗影等现象	判别漆面质量：仔细观察下列照片，对照实物，迅速、准确地说出漆面质量问题类型（在下列质量问题中选择：鱼眼、起泡、刮痕、水印、凹陷、龟裂） 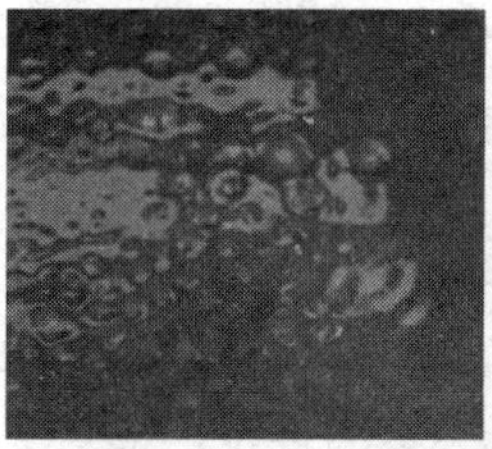  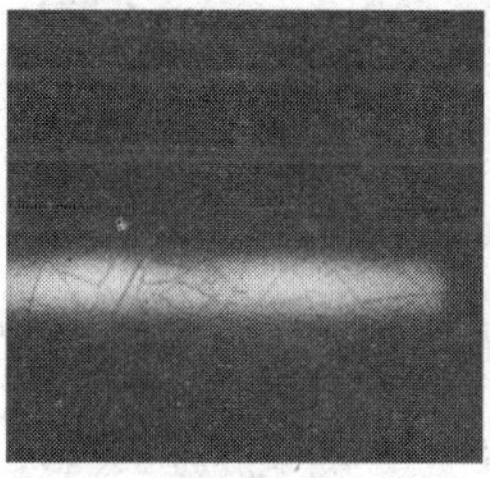 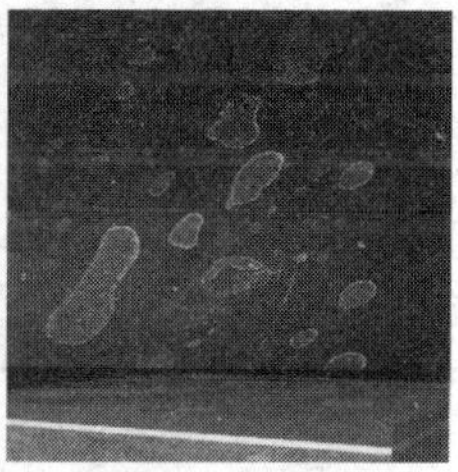 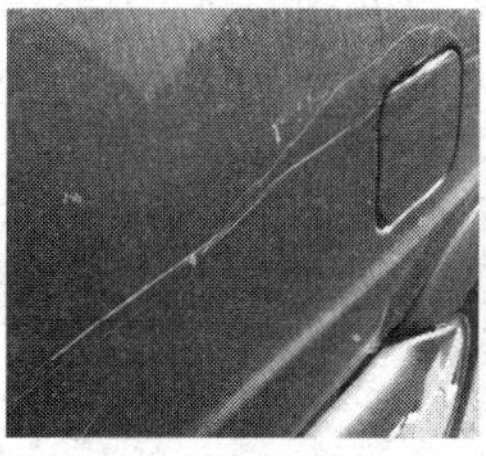  ______　______ ______　______ ______　______

续表

步骤	检查内容	检查练习
检查车身玻璃并记录检查结果	1. 前、后风挡玻璃 （1）检查确认玻璃表面是否平整，有无开裂、爆眼、划伤 （2）检查确认前、后风挡玻璃光亮密封条配合是否牢固，有无开裂、变形、翘起等现象	 检查风挡玻璃表面的记录： 检查风挡玻璃密封情况的记录：
	2. 车窗玻璃 （1）检查并确认四门车窗、天窗和三角窗的玻璃表面是否平整，有无开裂、爆眼、划伤 （2）检查并确认窗框密封条无开裂、变形	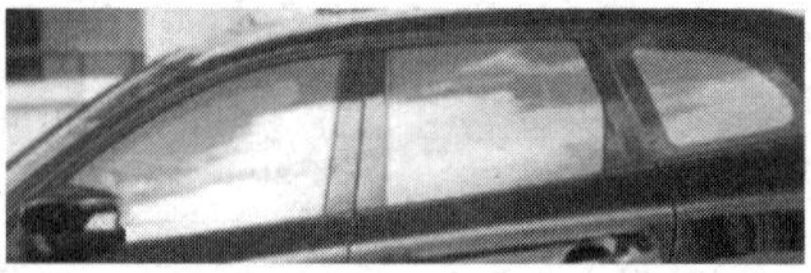 检查车窗玻璃表面的记录： 检查车窗玻璃密封情况的记录：
检查刮水器的刮臂及刮水片	1. 检查并确认刮水器的刮臂有无损坏或变形	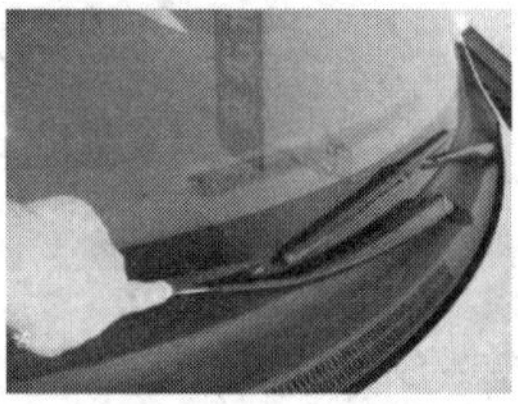 检查刮臂的记录：
	2. 检查并确认刮水片表面是否平整，有无损坏、变形等	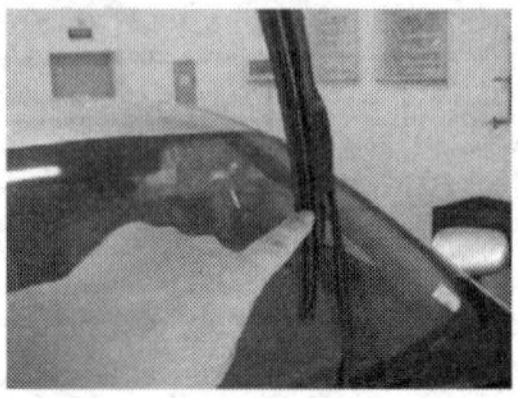 检查刮水片的记录：

续表

步骤	检查内容	检查练习
检查照明灯具外观	1．检查并确认前照灯、制动指示灯、雾灯的组合灯，转向灯等与前、后保险杠之间的配合间隙是否均匀、对称 2．检查并确认照明灯具表面是否干净，有无划痕、裂缝、破损	检查汽车照明灯具与保险杠间隙的记录： 检查照明灯具表面的记录：

（2）车内检查（以丰田卡罗拉轿车为例）。

1）仪表的检查（图 2—3—3）。

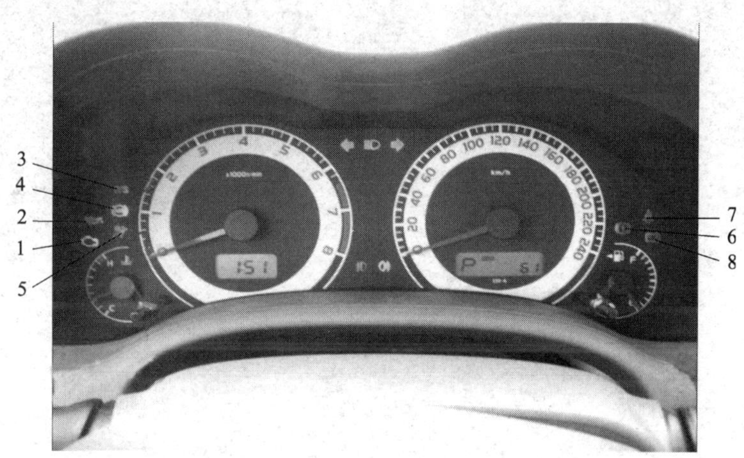

图 2—3—3　仪表盘警示灯（一）

①写出仪表盘上指示灯的正确名称。

②点火开关处于________位置时，图 2—3—3 所示仪表盘的警示灯点亮。

图 2—3—3 所示仪表盘的警示灯中，点亮 4 s 后熄灭的有____。(填写警示灯的序号，下同)

图 2—3—3 所示仪表盘的警示灯中，只有发动机起动后才能熄灭的有______________________________。

图 2—3—3 所示仪表盘的警示灯中，颜色为黄色的有____________________，颜色为红色的有__________________。

③如图 2—3—4 所示，将仪表盘的仪表、显示、按钮的正确序号与名称对应：______为燃油表；______为转速表；______为车速表；______为水温表；______为时钟显示；______为挡位显示；______为里程计/总里程显示；______为时钟调整按钮；______为里程计复位按钮；______为燃油液面过低警告灯。

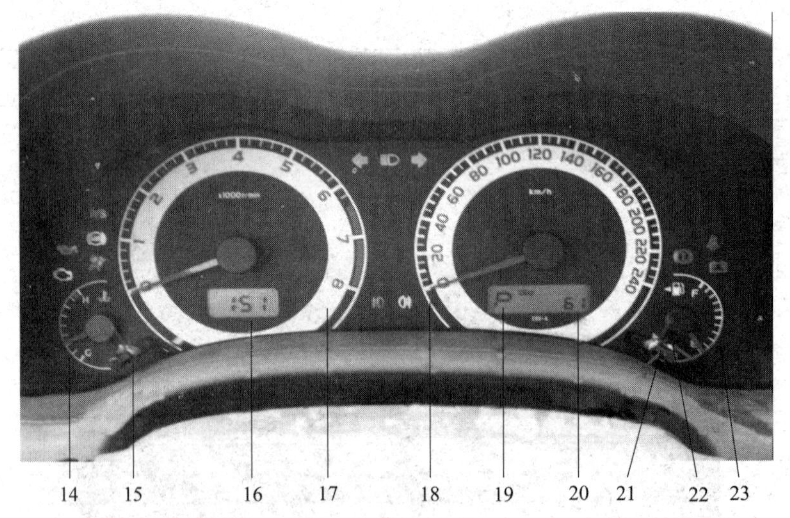

图 2—3—4 仪表盘警示灯（二）

④如图 2—3—5a 所示，水温表指示发动机处于（　　）状态。

A. 过冷　　B. 过热　　C. 正常工作

⑤如图 2—3—5b 所示，如果转速表指针指向“2”的位置，读数应为（　　）。

A. 2 000 r/h　　B. 2 000 r/min　　C. 2 000 r/s

⑥如图 2—3—5c 所示，里程表显示的内容分别是：

“1”显示为______________，“2”显示为______________，“3”显示为______________。

⑦如图 2—3—5d 所示，换挡杆由前至后进行操作时，显示的挡位指示灯依次为（写出挡位英文符号对应的中文名称）：

P—__________挡　　R—__________挡　　N—__________挡

3－D—__________挡　　2—__________挡　　L—__________挡

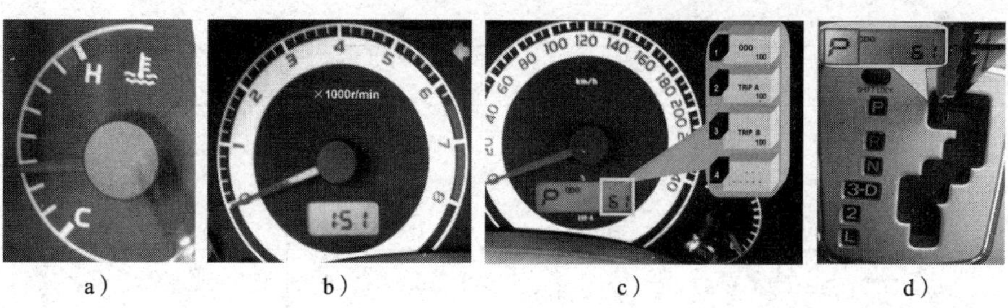

a)　b)　c)　d)

图 2—3—5　仪表指示

a）水温表　b）转速表　c）里程表　d）换挡杆挡位

【小提示】

为安全起见，配备自动变速箱的汽车在起动时应踩下制动踏板。

2）音响的检查。图 2—3—6 所示为汽车音响面板，在图下正确填写音响面板按键的名称。

图 2—3—6　汽车音响面板

1—＿＿＿＿＿＿＿＿　2—＿＿＿＿＿＿＿＿　3—＿＿＿＿＿＿＿＿

4—＿＿＿＿＿＿＿＿　5—＿＿＿＿＿＿＿＿　6—＿＿＿＿＿＿＿＿

2.（1）分组讨论，并按要求填写表 2—3—3。

表 2—3—3　环车检查表

序号	车辆位置与检查内容	与客户的沟通内容
1		
2		

续表

序号	车辆位置与检查内容	与客户的沟通内容
3		
4		
5		
6		
7		
8		

(2) 教师在实训用车上预设不同的故障现象，学生扮演业务接待人员，完成对车辆的问诊，并填入表 2—3—4 中。

表 2—3—4　　业务接待的问诊表

“3W2H” 问诊要素	问诊内容
何时 (When)	
何地 (Where)	
何种情况 (What)	
怎么做 (How)	
程度如何 (How much)	

3. 各组选派 5 名代表扮演业务接待人员，与教师一起完成接车流程，并完成任务实施评价表（表 2—3—5）。

表 2—3—5　　任务实施评价表

阶段	评价项目	评价标准	操作评价（是/否）
接待	进店后是否有人引导停车	须引导至维修接待处	
	车辆驶入时，入口处是否有堵塞现象	以车辆进入的时间为准，观察当时入口的车辆进出情况（只考虑特约店的可控制范围内，不考虑店外的交通、修路改建等因素）	
	客户停车后，是否立即有专人上前迎接	客户停车后 1 min 内迎接	
	业务接待人员是否向客户主动问好	如果接待的态度冷淡，选“否”（只考察业务接待人员）	
	业务接待人员是否询问了客户的来意	如果未询问客户来意，选“否”（只考察业务接待人员）	
	是否当着客户的面安装车内保护件（即车内三件套，座椅套、方向盘套、地板垫）	安装车内保护件要主动、当面，缺一不可	
	是否和客户一起进行环车检查	要求和客户一起进行环车检查	
	是否复述环车检查的结果	在环车检查完毕后须复述检查的结果	
	是否提醒客户带走车内的贵重物品	如果先引导客户至维修接待前台，在进入休息区前提醒即可 如果先引导客户至休息区，在估时、估价前提醒即可	
诊断	是否询问客户的车辆还有其他问题	要求主动询问客户	
	是否详细询问故障情况	要求有任何进一步的询问或确认即可	

续表

阶段	评价项目	评价标准	操作评价（是/否）
诊断	是否书面记录客户对故障现象的陈述	用“3W2H”方式记录客户陈述的内容	
	是否复述客户提出来的各项需求	如果客户没有特别要求（如维修、补漆），只要求复述本次保养的类型及故障点维修	
	（客户在店期间）是否主动将故障的原因告知客户，或询问客户是否维修	如果主动告知客户故障原因，选“是”；否则，选“否”	

活动 4　维 修 监 控

学习目标

1. 掌握维修进度管理看板和保养表格。
2. 掌握维修派工方法及形式。
3. 掌握维修监控内容和方法。
4. 能够估价、估时及更改，并向客户详细说明。

任务描述

李先生的车辆已经完成首次保养的见面接待环节，按照流程要进行维修作业。要求业务接待人员按服务流程完成车辆维修监控服务的内容。

获取信息

一、维修进度管理看板和保养表格

1. 维修进度管理看板

维修进度管理看板是业务接待人员、车间管理人员、维修技术人员就车辆维修进程进行有效沟通的直观工具，需要每个岗位紧密配合，服务经理进行有效监督，才能达到最好的效果和较高工作效率。表 2—4—1 为维修进度一览表。

表 2—4—1　　维修进度一览表

序号	牌照号码	车型	进厂日期	业务接待人员	预交车时间	维修项目		维修进度				竣工	备注
								机电	钣金	油漆	质检		

备注：绿色表示在修；黄色表示待料；蓝色表示待修；红色表示竣工。

2. 保养表格

以上海大众公司 New Polo 1.4/1.6 车型保养表格（表 2—4—2）为例介绍保养表格的形式和内容。

表 2—4—2　　上海大众 New Polo 1.4/1.6 车型保养表格

维修站代号：________　委托单号：________　车 牌 号：________　发动机号：________

底 盘 号：________　行驶里程：________　送修日期：________　交车日期：________

保养类型					保养内容	保养检查情况		
						正常	不正常	已调整
每60 000 km 常规保养	每30 000 km 常规保养	每15 000 km 常规保养	15 000 km 常规保养	7 500 km 首次保养	1. 车身内外照明灯具、用电设备的功能检查 (1) 组合仪表指示灯、阅读灯、化妆镜灯、时钟、点烟器、喇叭、电动摇窗机、电动后视镜、暖风空调系统、收音机 (2) 近光灯、远光灯、前雾灯、转向灯、警示灯 (3) 驻车灯、后雾灯、制动灯、倒车灯、车牌灯、行李箱照明灯			
					2. 自诊断：用专用诊断设备读取各系统控制器内的故障存储信息			
					3. 安全气囊和安全带：目测外表是否损坏，并检查安全带功能			
					4. 驻车制动器：检查，必要时调整			
					5. 前风挡玻璃落水槽排水孔：清洁			
					6. 刮水器/清洗装置：检查刮水片，必要时更换；检查清洗装置功能，必要时调整并加注清洗液			
					7. 发动机舱：检查燃油管路、真空管路、电气线路、制动管路、ATF 油冷却管路是否存在干涉或损坏，必要时调整			

续表

<table>
<tr><th colspan="5" rowspan="2">保养类型</th><th rowspan="2">保养内容</th><th colspan="3">保养检查情况</th></tr>
<tr><th>正常</th><th>不正常</th><th>已调整</th></tr>
<tr><td rowspan="16">每60 000 km 常规保养</td><td rowspan="16">每30 000 km 常规保养</td><td rowspan="16">每15 000 km 常规保养</td><td rowspan="16">15 000 km 常规保养</td><td rowspan="12">7 500 km 首次保养</td><td>8. 发动机机油及机油滤清器：更换（行驶里程较少的车辆，建议每6个月更换一次）
（注：如果拆卸油底壳放油螺栓，必须更换）
选择机油类型：　□专用机油　□优选机油　□高端机油</td><td></td><td></td><td></td></tr>
<tr><td>9. 冷却系统：检查冷却液冰点数值______℃，检查系统是否泄漏，必要时补充原装冷却液（G12＋＋或G0）（标准值：－35℃，极寒地区低于－35℃。使用折射计检测冷却液冰点数值）</td><td></td><td></td><td></td></tr>
<tr><td>10. 空气滤清器：清洁罩壳和滤芯</td><td></td><td></td><td></td></tr>
<tr><td>11. 蓄电池：观察蓄电池上观察窗，必要时使用检测仪检测蓄电池状况，检查正、负极连接状态</td><td></td><td></td><td></td></tr>
<tr><td>12. 前照灯：检查灯光，必要时调整</td><td></td><td></td><td></td></tr>
<tr><td>13. 转向横拉杆/稳定杆/连接杆/：检查是否有间隙，连接是否牢固</td><td></td><td></td><td></td></tr>
<tr><td>14. 车身底部：检查燃油管、制动液管是否干涉，以及底部保护层是否损坏，排气管是否泄漏，固定是否牢固</td><td></td><td></td><td></td></tr>
<tr><td>15. 地盘螺栓：检查，并按规定扭矩进行紧固</td><td></td><td></td><td></td></tr>
<tr><td>16. 制动系统：检查制动液管路是否泄漏，检查制动液液面，必要时补充</td><td></td><td></td><td></td></tr>
<tr><td>17. 轮胎/轮毂（包括备胎）：检查轮胎磨损情况，必要时进行轮胎换位，同时校正轮胎气压</td><td></td><td></td><td></td></tr>
<tr><td>18. 车轮固定螺栓：检查，并按规定扭矩紧固</td><td></td><td></td><td></td></tr>
<tr><td>19. 试车：性能检查</td><td></td><td></td><td></td></tr>
<tr><td colspan="2">20. 保养周期演示器：复位</td><td></td><td></td><td></td></tr>
<tr><td colspan="2">21. 空调系统冷凝排水：检查，必要时清洁</td><td></td><td></td><td></td></tr>
<tr><td colspan="2">22. 灰尘及花粉过滤器：更换滤芯（行驶里程较少的车辆，建议每12个月更换）</td><td></td><td></td><td></td></tr>
<tr><td colspan="2">23. 空气滤清器：更换滤芯（行驶里程较少的车辆，建议每12个月更换）</td><td></td><td></td><td></td></tr>
</table>

续表

<table>
<tr><th colspan="4" rowspan="2">保养类型</th><th rowspan="2">保养内容</th><th colspan="3">保养检查情况</th></tr>
<tr><th>正常</th><th>不正常</th><th>已调整</th></tr>
<tr><td rowspan="12">每60 000 km 常规保养</td><td rowspan="9">每30 000 km 常规保养</td><td rowspan="3">每15 000 km 常规保养</td><td rowspan="3">15 000 km 常规保养</td><td>24. 活动天窗：检查功能，清洁导轨，涂敷专用油脂</td><td></td><td></td><td></td></tr>
<tr><td>25. 车门限位器、固定销、门锁、发动机盖/行李箱盖铰链和锁扣：检查功能并润滑</td><td></td><td></td><td></td></tr>
<tr><td>26. 变速箱/传动轴护套：检查有无渗漏和损坏，连接是否牢固</td><td></td><td></td><td></td></tr>
<tr><td colspan="2" rowspan="6"></td><td>27. 发动机燃烧室和进气道：用内窥镜检查积炭情况，必要时使用专用汽油清净剂</td><td></td><td></td><td></td></tr>
<tr><td>28. 火花塞：更换</td><td></td><td></td><td></td></tr>
<tr><td>29. 楔形传动带：检查，必要时更换；每 120 000 km 更换</td><td></td><td></td><td></td></tr>
<tr><td>30. 活动天窗的排水功能：检查，必要时清洁</td><td></td><td></td><td></td></tr>
<tr><td>31. 制动盘、制动鼓及制动摩擦片：检查厚度及磨损情况，必要时更换</td><td></td><td></td><td></td></tr>
<tr><td>32. 尾气排放：检测</td><td></td><td></td><td></td></tr>
<tr><td colspan="3" rowspan="3"></td><td>33. 燃油滤清器：更换</td><td></td><td></td><td></td></tr>
<tr><td>34. 手动变速箱：检查变速箱润滑油液位，必要时补充或更换</td><td></td><td></td><td></td></tr>
<tr><td>35. 自动变速箱：更换变速箱 ATF 油</td><td></td><td></td><td></td></tr>
<tr><td colspan="4">特殊项目</td><td>36. 制动液：更换（每 24 个月或每 50 000 km，以先到者为准）</td><td></td><td></td><td></td></tr>
</table>

说明：(1) 本表的保养内容用于上海大众生产的 New Polo 1.4/1.6 车型。保养项目根据车型的不同配置进行选择。

(2) 本表的保养内容和周期是根据汽车在正常行驶情况下制定的。对于使用条件比较恶劣的车辆，特别是经常停车/起动以及常在低温情况下使用的车辆，应经常检查机油液面，并建议每 5 000 km 更换机油和机油滤清器。

(3) 在灰尘较大环境里行驶的车辆，应缩短空气滤清器芯和空调系统花粉过滤器滤芯的保养间隔（如每 5 000 km 更换）。花粉过滤器滤芯脏污将影响空调制冷效果，请注意检查并及时更换。

(4) 每次保养时在表格左侧的里程表相应的空格位置内画“√”。

(5) 本表内容将根据车辆技术状态变化进行调整，以最新版本为准。

维修人员签字（日期）：__________　检验员签字（日期）：__________　客户签字（日期）：__________

二、维修派工方法及形式

1. 派工方法

在维修作业环节中，并不完全由维修业务接待人员直接派工。在汽修企业里，派工有两种方法：

(1) 由调度来分配工作

这种方法是业务接待人员把工作移交给车间调度（或车间主管），由其再把工作分配下去。

(2) 业务接待人员直接派工

这种方法是业务接待人员直接带领一组维修技术人员，那么业务接待人员所接待的车辆可以直接分配给所带领的这组维修技术人员负责。

这两种方法各有所长。现在大多数维修企业采用的是由维修车间的调度分配工作的方法。

2. 派工形式

一般大型汽车维修企业采用维修控工板的形式进行派工。维修控工板是业务接待人员直接用来向维修技术人员分配工作的工具，以保证合理安排工作并控制完工时间，如图2—4—1所示。维修控工板能够迅速显示车间内所有的在修状况，并向客户展示每天所安排的工作情况。

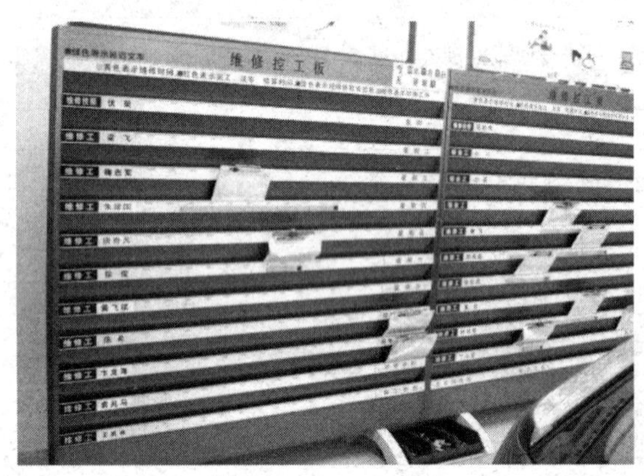

图2—4—1 维修控工板

派工时应该优先安排返厂维修车辆和预约车俩，一般维修按到店的先后顺序安排。

三、维修监控

1. 维修作业内容的监控

维修作业内容的监控又称为对维修车辆的实时监控，是监督维修工作的进程。其主要体现在以下两个方面：

(1) 监控时间安排

1) 对于保养作业。业务接待人员一般在保养工作最初及估计交车前半小时需进入车间与维修技术人员沟通并查看进度，确保按承诺的时间交车；如果有追加项目，应及时通知客户。

2) 对于维修作业。业务接待人员需在维修开始时检查工作调度是否到位，并在约定交车时间的 2～3 h 前再次检查。

(2) 推迟或追加维修项目说明

在维修过程中，当交车时间因故推迟或者发现新的需要维修的项目时，业务接待人员要及时通知客户，并详细说明，取得同意后再次派工。

【小经验】

出现追加维修项目时，业务接待人员必须搞清楚以下几个问题：

1. 隐性故障发生的原因，即为什么这个配件会有问题，以及该故障现在的实际损害程度。

2. 该隐性故障在现在或者将来可能会对客户车辆有什么样的损害。

3. 维修该故障需要花费客户多长时间及费用。

4. 如果估价单上有很多隐性的故障，业务接待人员需要替客户甄别哪些故障是现在必须修理的，哪些是暂时不用修理的。

最佳处理方案是：业务接待人员应及时把各个隐性故障的性质及损害的程度一一向客户说清楚，由客户定夺。

1) 维修工作推迟时应说明原因。

2) 追加工作时应说明追加工作的必要性 (从安全和经济的观点考虑)、因交车时间推迟而更改的新交车时间、可能需要追加的估算费用。

2. 维修等待中客户的监控

(1) 在服务过程中，业务接待人员和在休息区等候的客户进行 1～3 次的沟通，告知客户最新的进展情况和服务安排变动。

(2) 陪同客户到服务区查看，介绍目前正在使用的技术。如果客户有兴趣，业务接待人员可向客户提供与服务技师交流的机会。

1) 对待以价格比为导向的客户。向他们展示正在使用的专用工具、维修工作区附近摆放的维修技术人员的培训证，以及维修技术人员对汽车所做的任务委托书之外的额外检查项目等。

2) 对待情感关系导向类型的客户。在条件允许的情况下，将客户介绍给为其服务的维修技术人员，并要求维修技术人员简要介绍正在进行的服务项目，并感谢客户的配合等。

3) 对待时间效率导向类型的客户。及时让他们了解服务最新的进展情况和正在进行的工作情况；在服务结束前询问他们想怎样付费，并提供方便，以便加快手续办理工作。

(3) 车辆修理好后，业务接待人员应立即用客户选择的联系方式 (如短信、电子邮件和电话等) 通知未在现场等待的客户提车。

【知识拓展】

休息室的设立

通过网络或其他途径，可以查找汽车维修企业休息区设立的相关图片资料，了解客户休息区的重要性、主要组成部分及其作用和设立的意义。经过资料的收集，自己能够提出客户休息区的合理设计。

任务实施

1. 分组按任务描述中的要求对车辆进行首保，分别编制维修监控中的资料准备和作业内容，填入表 2—4—3。问题预设：首保时发现车辆后部尾灯被烧坏。

表 2—4—3　　维修监控中的资料准备和作业内容

项目	资料准备	作业内容
完成客户接待及接车		
车辆送入车间进行维修		
车辆维修中发现存在追加维修项目		
由于追加维修项目延误交车时间		
客户要求在休息区等待		

2. 分组并选派一名代表扮演业务接待人员，与教师完成维修监控流程。各组及教师完成任务实施评价表（表 2—4—4）。

表 2—4—4　　任务实施评价表

环节	阶段	评价项目	评价标准	操作评价（是/否）
维修监控	估价和估时	是否主动向客户说明本次维修、保养需要进行的项目	包括：属于何种类型的保养、更换零部件等，并概括说明将要进行的检查项目 采用下列接待方式也可以：在车旁接待后，直接引导客户至休息区，然后再到休息区进行估时、估价	
		是否主动为客户详细估算本次维修、保养需要的费用	不但要求告知总额，而且要解释费用的构成	

续表

环节	阶段	评价项目	评价标准	操作评价（是/否）
维修监控	估价和估时	是否主动向客户告知交车时间	业务接待人员在接车后应主动告知客户交车时间，以便客户合理安排等待方式	
		是否请客户在单据上签字确认	须准确告知客户在单据上签字，并指明签字位置	
		是否简要介绍交车流程	须口头告知：先确认维修效果，再进行价格计算	
		询问客户是否需要归还（出示）旧件	在店期间有询问即可	
		是否确认客户的等待方式	须确认客户是在店等待还是离店等待	
	休息引导	是否指引或带领客户到客户休息区（休息室）	有指引（或带领）动作，或者口头说明（如“请前面右拐”），选“是” 如果只是泛泛地口头提及，如“请到休息区等等吧”，而无明确的方位指引或说明，应选“否”	
		如果客户属于第一次被接待，是否有向客户递交名片	如果客户曾经多次到店，并且留有该业务接待人员的联系方式，这一条不涉及	
休息等候	等候	是否有服务专员	特约店有此岗位即可 可以与销售共用	
		服务专员有无向客户问好	必须是服务专员亲自问好	
		是否及时向客户提供茶水或饮料等	客户坐下后1 min内，有确认就可以	
		是否提供了三种以上的饮料服务	饮料不限种类 服务员必须口头询问或动作提示	
		在维修过程中是否与客户至少沟通一次	沟通内容不限 必须是当天的业务接待人员进行沟通	

活动5 竣 工 质 检

学习目标

1. 能够描述车辆终检（三级检查）的检查项目。
2. 能够协助客户完成最终质检的工作内容。

任务描述

李先生在某4S店新购置了一辆丰田凯美瑞轿车，首保期作业已经完成。要求业务接待人员就此次首保内容进行车辆交付前的竣工质量检测。

获取信息

竣工质检的目的是通过对车辆维修情况的三级质量检查，确保车辆一次修复，提高客户的认同度和信任感。

一、三级质检内容与要求

1. 一级质量检查

一级质量检查是由车辆的维修技术人员负责的自我检查。该检查项目主要是维修技术人员按照客户报修项目对完成的维修内容进行自检，注明和合理保存所维修或更换的零部件，将存在的隐性故障与追加维修项目及时反馈给业务接待人员，以便业务接待人员及时与客户进行沟通和协商。检验合格后，维修技术人员在维修工单上签字，并把车辆连同更换的配件、工单与钥匙等交予质检员（技术总监）。

2. 二级质量检查

二级质量检查是由质检员（技术总监）负责的维修质量检查。该检查项目主要对维修技术人员所进行维修项目的质量及更换的零部件与维修工单内容进行核对和检查，确保客户所报修的内容无漏项、错项，其他各系统无“四漏”现象（“四漏”是汽车各个总成或零部件存在的漏油、漏水、漏气、漏电现象的简称），必要时进行试车。对发现的维修质量问题应及时反馈给维修技术人员，协调维修技术人员解决问题，总结经验，避免下次同样问题的出现，确保车辆一次性修复，无返工。

3. 三级质量检查

三级质量检查是终检人员或是业务接待人员的最终检查，又称为竣工质检。该检查项目主要对维修车辆的维修项目质量做最后的检测。如果客户有要求，也可以由业务接待人员陪同客户一起完成检查。其主要检查项目以客户报修项目为主，并且对影响行车安全的系统（如轮胎、制动系统、转向系统等）进行附加检查，以确保客户行车安全；按接车单核对是否存在车辆在维修过程中的人为损坏。如果存在人为损坏，则要追究维修技术人员的责任，并进行车辆的返修。检验合格后，在维修工单和合同上签字，把车辆连同工单和钥匙交付业务接待人员，告知相关事宜与注意事项，由业务接待人员联系客户安排交车。

【小提示】

三级质检完毕，应清洁车辆，这是对客户的尊重。车辆清洁分为：车内清洁，包括清除车窗、烟灰缸、脚垫、仪表台、发动机舱内的灰尘；车外清洁，包括车身表面、轮胎及其周围的清洁。

汽车维修的竣工质检流程如图 2—5—1 所示。

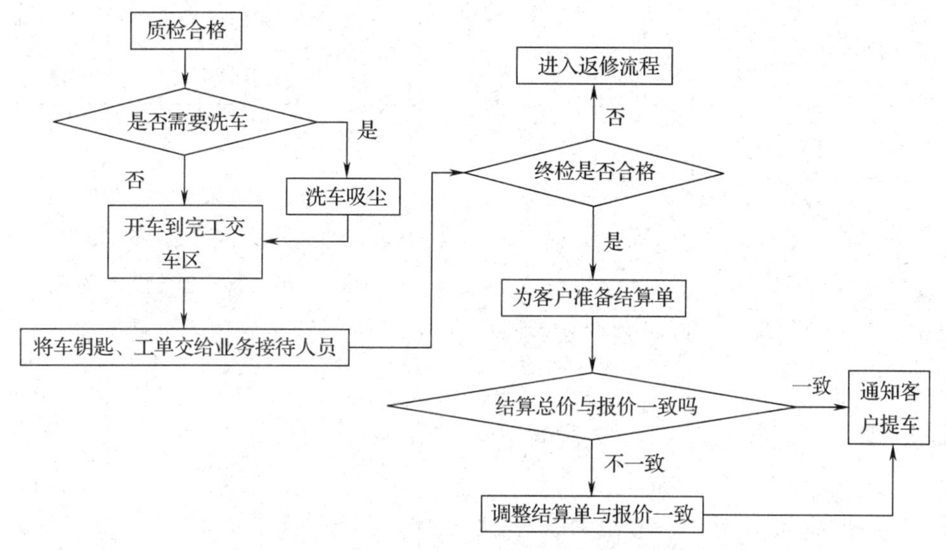

图 2—5—1　汽车维修的竣工质检流程

二、质检返工与维修质保期

1. 质检返工

质检员确定维修车辆出现问题而必须返工作业时，应确定车辆出现问题的原因。如果是维修人员人为因素造成的问题，业务接待人员应开具维修返工单（表 2—5—1），并将接车单随车辆一同返回车间，进行汽车的返修；如果是配件质量存在问题，则应对问题配件进行质量鉴定，出具质量问题报告，以便向配件生产厂家进行相关的索赔。

表 2—5—1 ××××维修返工单

<table>
<tr><td>客户姓名</td><td></td><td>车牌号码</td><td></td><td>车型</td><td></td></tr>
<tr><td>维修工单号</td><td></td><td>维修时间</td><td></td><td>维修班组</td><td></td></tr>
<tr><td colspan="6">维修的项目及内容：</td></tr>
<tr><td colspan="6">返修的原因：</td></tr>
<tr><td colspan="6">解决的方案：</td></tr>
<tr><td colspan="6">预防的措施：</td></tr>
<tr><td>相关责任人处理</td><td colspan="5"></td></tr>
<tr><td>技术主管签字</td><td colspan="2"></td><td>服务经理签字</td><td colspan="2"></td></tr>
</table>

2. 一般车辆的维修质保期

小修质保期：出厂后 10 天或行驶里程为 2 000 km，两者以先发生者为准。

二级维护保质期：出厂后 30 天或行驶里程为 5 000 km，两者以先发生者为准。

大修保质期：出厂后 100 天或行驶里程为 20 000 km，两者以先发生者为准。

任务实施

1. 按照图 2—5—2 所示，分组训练汽车发动机舱的开启与支撑。

a)

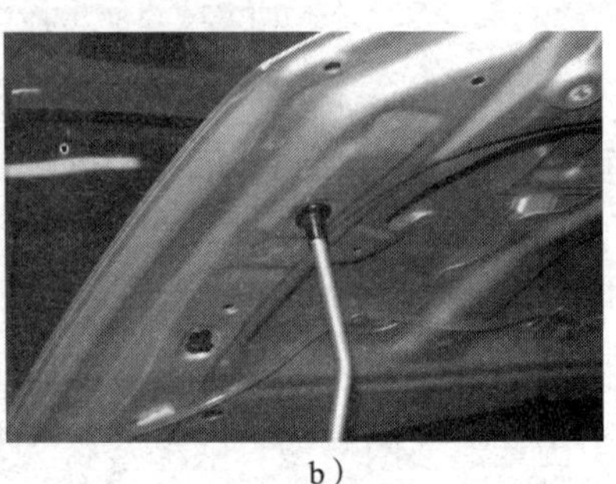

b)

图 2—5—2 汽车发动机舱的开启与支撑

a）发动机舱的开启按钮 b）发动机舱盖的支撑

2. 如图 2—5—3 所示，认识发动机舱内的零部件，并在图下横线上填入正确序号。

图 2—5—3　发动机舱

______—发动机机油加注口	______—自动变速器油尺
______—制动液加注口	______—冷却液加注口
______—玻璃清洁剂加注口	______—发动机油尺
______—刮水器电动机	______—熔断丝盒
______—蓄电池	______—节气门体

3. 发动机舱检查的项目和内容见表 2—5—2。

表 2—5—2　　发动机舱检查的项目和内容

检查项目	检查内容	图示
蓄电池的检查	1. 检查蓄电池液面高度为__________cm	
	2. 检查蓄电池电缆的紧固情况 （1）蓄电池接线桩的紧固力矩为__________kN 注意：如果蓄电池的正极线没有紧固，应首先断开蓄电池的负极线，以避免事故发生 （2）简述蓄电池接线桩氧化、腐蚀的简单处理方法	

续表

检查项目	检查内容	图示
熔断丝和 继电器盒的检查	检查熔断丝和继电器盒，指出不同颜色熔断丝所对应的最大允许电流值，即： 红色为________A 白色为________A 蓝色为________A 黄色为________A 绿色为________A	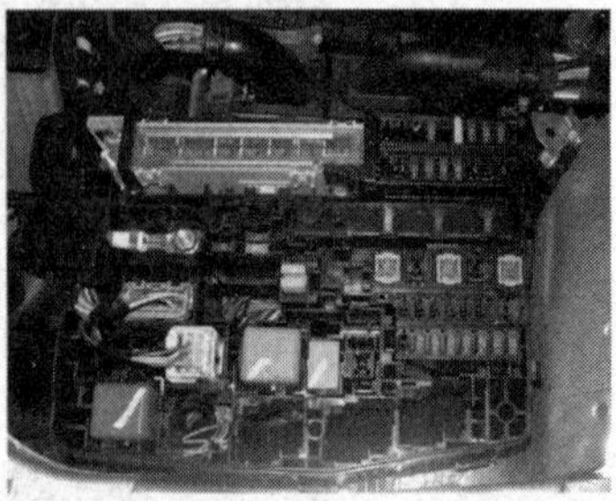
冷却液液位 的检查（发 动机冷态时）	1. 更换冷却液的方法（只能由经过资格认证的维修技术人员操作） （1）卸下储液罐的盖子，注入冷却液至________液位线 （2）装上并拧紧储液罐的盖子后，起动发动机暖机 （3）使发动机________运转 7 min 或者更长的时间（以 5 s 达到 3 000 rpm、45 s 达到怠速的方式运转） 2. 当发动机充分冷却后，检查并确认冷却液的液位在________液位线和________液位线之间	 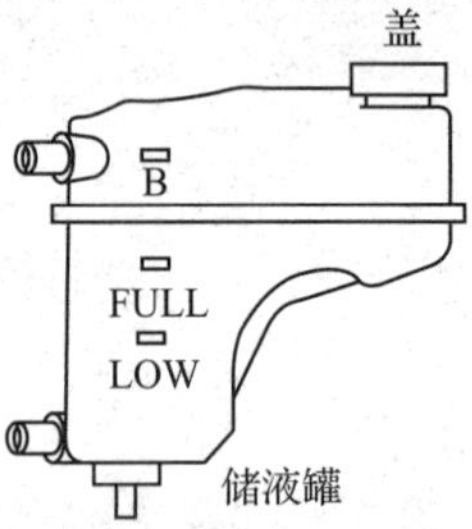 盖 B FULL LOW 储液罐
玻璃清洁剂 的检查	检查刮水器用玻璃清洁剂，其正常液位为____________。	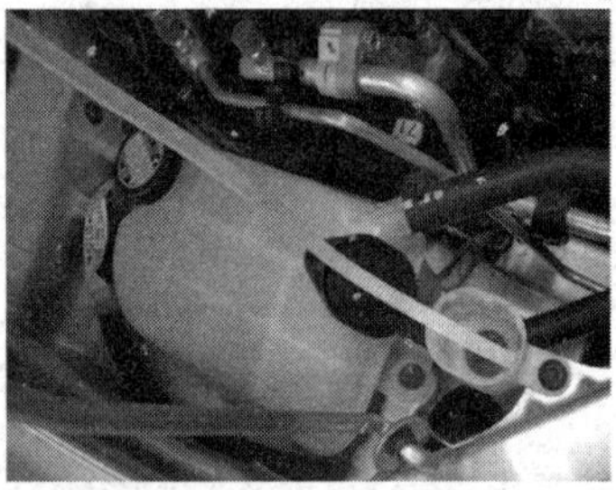
发动机机油 的检查	1. 简述发动机机油的检查条件	 插入机油尺

续表

<table>
<tr><th>检查项目</th><th>检查内容</th><th>图示</th></tr>
<tr><td rowspan="2">发动机机油
的检查</td><td>2. 简述发动机机油的检查步骤</td><td> 拔出机油尺 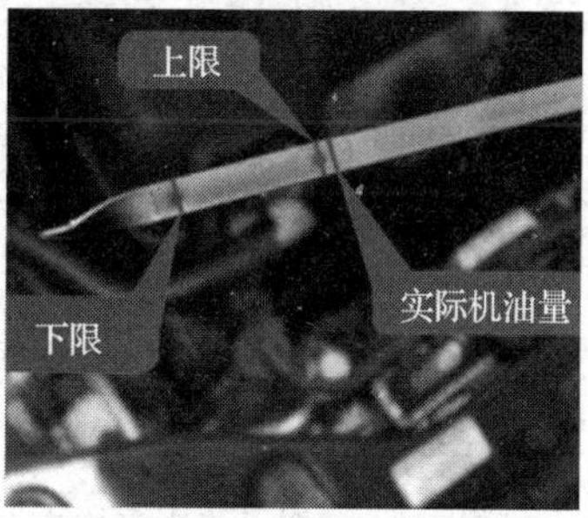
上限
下限
实际机油量
机油尺的检查显示</td></tr>
<tr><td>3. 检查发动机机油正确液面位置
机油尺上标有上限、下限位置。机油______了，会烧机油，使油耗增加，机油______了，润滑效果差，发动机磨损。最佳的机油高度为__________之间</td><td> 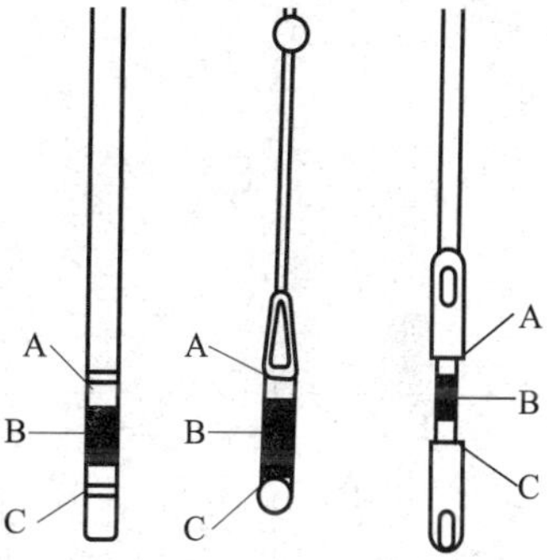A
B
C
机油尺
A—机油油位的上限
B—可加注机油
C—机油油位下限</td></tr>
<tr><td>自动变速箱
机油的检查</td><td>1. 简述检查自动变速器油位前的准备工作</td><td> </td></tr>
</table>

续表

检查项目	检查内容	图示
自动变速箱机油的检查	2. 检查机油油位，必要时添加。简述添加机油的操作	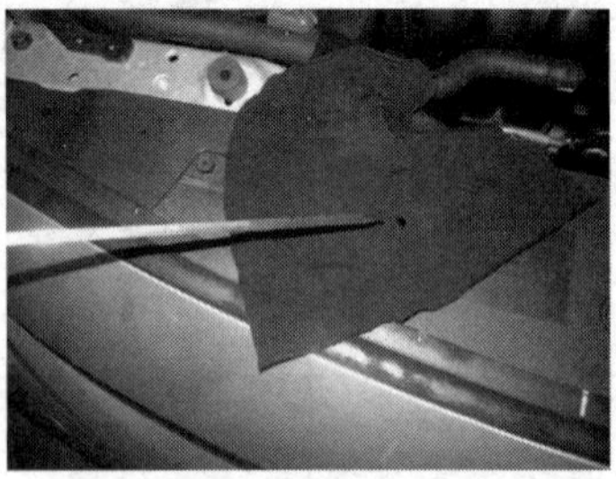
空调管路的检查	在空调制冷工作状态，通过观察窗的显示如何判断空调制冷液是否正常	 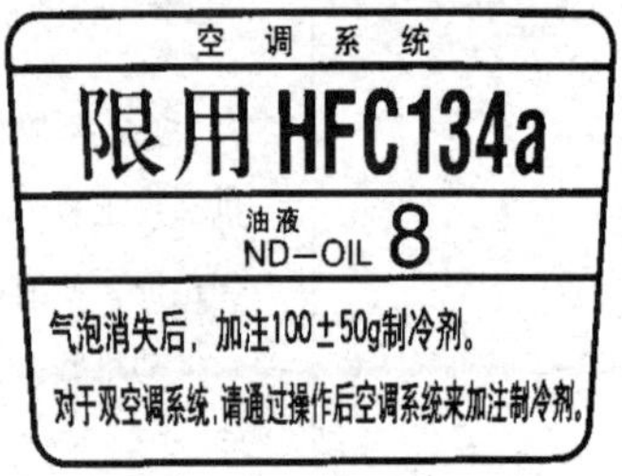
制动液的检查	简述对制动液进行操作以及制动液储藏时需遵守的安全规定 注意：因为制动液具有毒性、腐蚀性，所以应避免制动液接触油漆表面；因为制动液具有吸湿性，所以应保证制动液罐的密封性	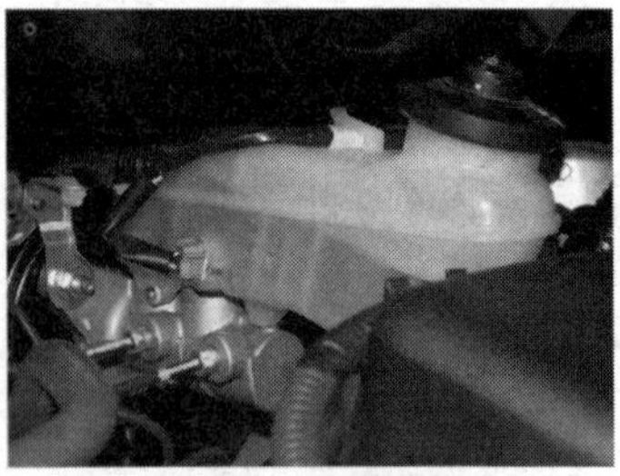 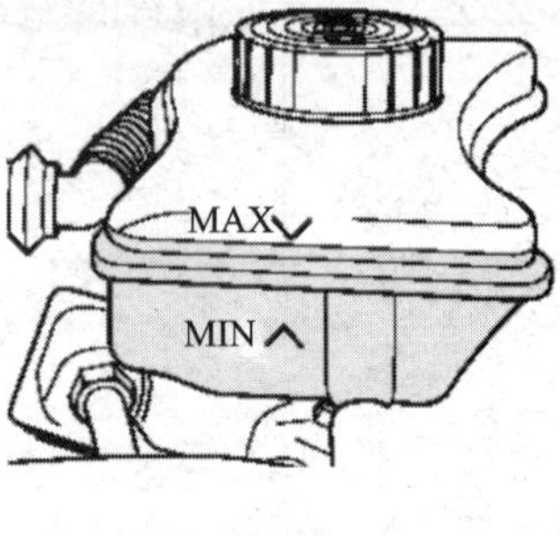

续表

检查项目	检查内容	图示
空气滤清器的检查	1. 按照正确的方法取出空气滤清器，清洁后再装回 2. 简述空气滤清器的更换周期及里程数	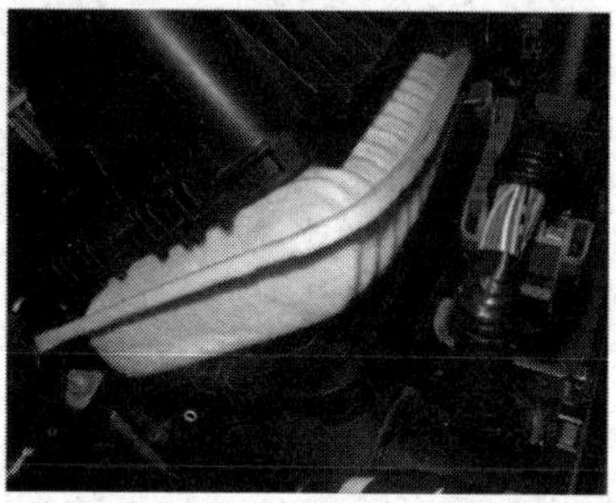
发动机传动带的检查	1. 简述传动带的检查方法 2. 简述图中螺栓的作用	 
汽油发动机点火系统的检查	1. 简述汽油发动机的点火系统的类型 2. 实训用车的发动机点火系统属于＿＿＿＿＿类型	

4. 底盘检查的项目和内容见表 2—5—3。

表 2—5—3　　底盘检查的项目和内容

检查项目	检查内容	图示
轮胎检查	1. 检查轮胎外部损坏的情况，包括胎面花纹深度和磨损状况、气压调节和轮胎旋转情况 2. 识别轮胎结构 图______所示为子午线轮胎，它的应用场合是____________ 图______所示为斜交胎，它的应用场合是____________ 3. 简述轮胎检查的内容 4. 抄录实训用车的轮胎型号	a） b） 1—胎面　2—带束层　3—帘布层 4—气密层　5—胎圈

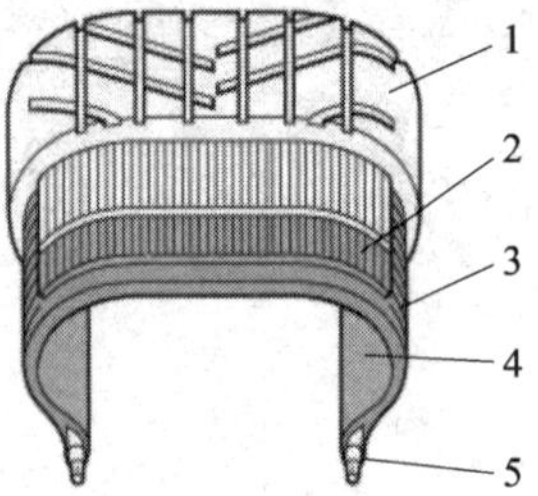

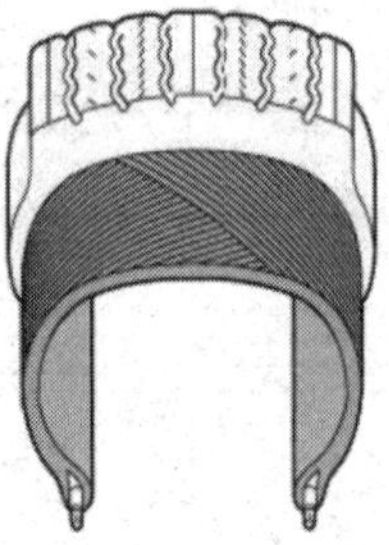

续表

检查项目	检查内容	图示
制动器的识别	1. 填写实训用车的前轮、后轮制动器类型：前轮采用的是______制动器，后轮采用的是________制动器 2. 简述前轮、后轮制动器的检查内容 （1）前轮制动器 （2）后轮制动器	
底盘前部的检查	1. 简述检查底盘前部漏油、漏液的方法 2. 简述前半轴的检查方法 3. 简述前下摆臂的检查方法	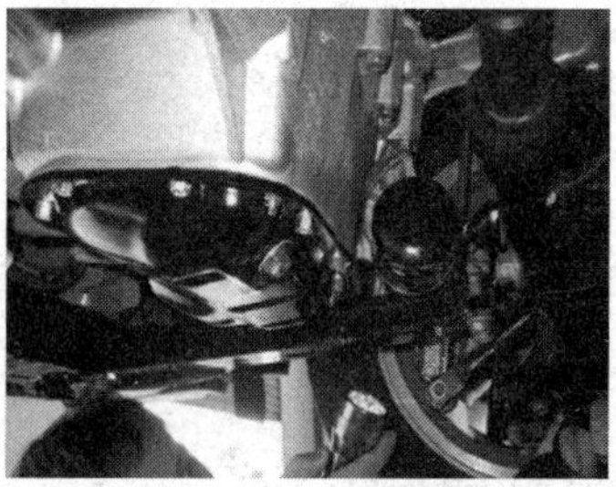 
底盘后部的检查	1. 识别实训用车后悬架系统 （1）后悬架属于____________悬架系统 （2）简述该系统的优点	

续表

检查项目	检查内容	图示
底盘后部的检查	2. 简述油箱及燃油系统管路的检查内容 3. 简述排气管的检查内容	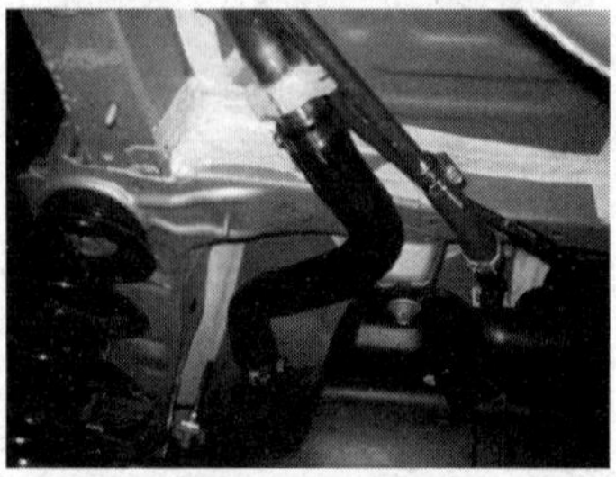 

5. 分组讨论，为任务描述中的丰田凯美瑞轿车首保后制定三级质检方案，填入表2—5—4。

表 2—5—4　　轿车首保后三级质检方案

检查级别	检查人姓名	交付物品	检查内容
一级			
二级			
三级			
质检结果			

6. 各组派一名代表扮演质检人员，与教师完成质检过程。各组及教师完成任务实施评价表（表 2—5—5）。

表 2—5—5　　任务实施评价表

环节	阶段	评价项目	判断标准	操作评价（是/否）
交车说明	验车	是否在约定的时间内完成车辆的保养工作	如果出现多次延迟，但每次均提前告知客户亦可	
		是否与客户一同检查车辆已完成的维修或保养工作	须在结算说明前一起检查车辆；未与客户一起检查，选“否”	
		是否向客户出示维修单与保养项目确认单	如果有增加项目，须客户确认增加后的单据	
		是否对返修车辆进行了纠正	记录并纠正	
		检修过程中是否存在人为损坏	如果存在人为损坏，应记录并指出，同时向客户道歉	
		是否进行了车内、车外的清洁	清洁	
		是否按客户要求对旧件进行处理	如果需要保留旧件，旧件须包装完整，放置于客户汽车后备厢中	

活动 6　结算与交车

学习目标

1. 能够向客户解释结算单内容。
2. 能够说明车辆维修后使用注意事项。
3. 能够填写结账单。

任务描述

李先生在某 4S 店新购置了一辆丰田凯美瑞轿车，首保期作业已经完成并质检合格，可以交车。要求业务接待人员通知李先生到店，进行车辆交付与账单结算。

获取信息

一、结算与交车的流程

结算与交车的流程如图 2—6—1 所示。

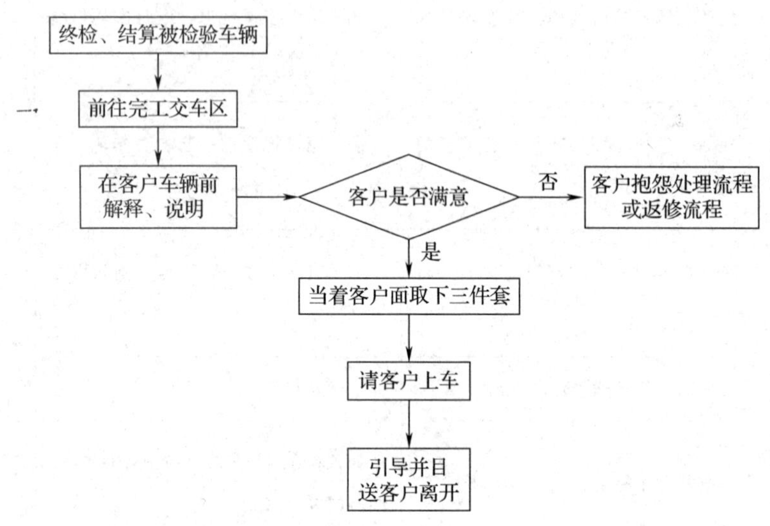

图 2—6—1　结算与交车的流程

二、结算与交车的内容

1. 对照维修工单检查车辆

在通知客户交车之前，业务接待人员应该再次确认维修工单上列出的工作项目已经高质量的完成。对于较复杂的维修项目，业务接待人员应向维修技术人员咨询、确认，以便向客户说明。

2. 车辆清洗并停放在方便客户取车的位置

如果客户没有特别要求，一般在维修作业后应为客户清洗车辆的内外，保证车辆的美观与洁净。如果维修工单上注明了客户要求带走维修旧件，业务接待人员应将旧件包装好，放在客户指定的位置。车辆停放在一个方便客户取车的位置，以便客户可以顺利、快捷地提取车辆。

3. 核对维修工单内容开具结算清单（发票）

依据维修工单所列的维修项目、工时、材料的种类和数量、附加维修项目等，业务接待人员按行业规定开具维修费用结算清单（发票）。其中，维修费用的计算公式如下：

维修费用＝维修诊断费＋检测费＋材料费＋工时费＋外加工费＋其他费用

维修费用结算清单见表 2—6—1。

表 2—6—1　　维修费用结算清单

<table>
<tr><td colspan="7">机动车维修费用结算清单</td></tr>
<tr><td rowspan="4">托修方</td><td>单位名称（车主姓名）</td><td colspan="3"></td><td>送修人</td><td></td></tr>
<tr><td>车牌号码</td><td></td><td>品牌型号</td><td></td><td>维修类别</td><td></td></tr>
<tr><td>进场日期</td><td></td><td>合同编号</td><td></td><td>工单号码</td><td></td></tr>
<tr><td>里程数</td><td></td><td>合同证号</td><td></td><td>联系电话</td><td></td></tr>
<tr><td rowspan="3">承修方</td><td>单位名称</td><td colspan="3"></td><td>联系电话</td><td></td></tr>
<tr><td>单位地址</td><td colspan="3"></td><td>E-mail</td><td></td></tr>
<tr><td>开户银行</td><td></td><td colspan="2">账号</td><td colspan="2"></td></tr>
</table>

表一　维修费用结算表（维修费用＝维修诊断费＋检测费＋材料费＋工时费＋外加工费＋其他费用）

<table>
<tr><th>序列</th><th>费用名称</th><th>金额</th><th>备注</th></tr>
<tr><td>1</td><td>维修诊断费</td><td></td><td></td></tr>
<tr><td>2</td><td>检车费</td><td></td><td></td></tr>
<tr><td>3</td><td>材料费</td><td></td><td></td></tr>
<tr><td>4</td><td>工时费</td><td></td><td></td></tr>
<tr><td>5</td><td>外加工费</td><td></td><td></td></tr>
<tr><td>6</td><td>其他费用</td><td></td><td></td></tr>
<tr><td colspan="3">合计金额：</td><td>实收金额：</td></tr>
<tr><td colspan="4">实收金额大写（元）：</td></tr>
</table>

表二　材料费

<table>
<tr><th>序列</th><th>材料名称</th><th>厂牌规格</th><th>单位</th><th>数量</th><th>单价（元）</th><th>金额（元）</th><th>备注</th></tr>
<tr><td>1</td><td></td><td></td><td></td><td></td><td></td><td></td><td></td></tr>
<tr><td>2</td><td></td><td></td><td></td><td></td><td></td><td></td><td></td></tr>
<tr><td>3</td><td></td><td></td><td></td><td></td><td></td><td></td><td></td></tr>
<tr><td>4</td><td></td><td></td><td></td><td></td><td></td><td></td><td></td></tr>
<tr><td>5</td><td></td><td></td><td></td><td></td><td></td><td></td><td></td></tr>
<tr><td colspan="8">托修方自备配件：</td></tr>
<tr><td colspan="8">材料费合计金额（元）：</td></tr>
</table>

续表

表三　工时费

序号	维修项目	结算工时	金额（元）	备注
合计工时：		工时费合计金额：		

1. 是否有托修方支付费用更换的旧配件（在相应项目前面画“√”）：

□旧配件已确认，并由托修方回收　　□旧配件已确认，托修方声明放弃　　□无旧配件

2. 结算清单项目及应付金额经双方核实、客户签字后生效。

客户签字：

结算员签章：
承修方（盖章）

日期：　　　年　　月　　日

4. 采用约定的形式通知客户到店取车

采用约定的形式（如电话、短信、邮件等）通知客户提取车辆。通知客户取车不仅要约定取车时间，而且要对车辆的维修项目、费用及付款时间达成一致。如果发现有额外的维修费用，业务接待人员应在取车前与客户进行有效沟通，并记录沟通内容。只有这样，客户前来取车时才不会感到意外，甚至感觉被欺骗。

5. 结算单内容的解释

客户到店后业务接待人员就维修费用结算清单上所列项目主动向客户解释和说明，特别是配件材料费和维修工时费应着重说明。与维修前估计出现差异的地方，业务接待人员更需要向客户解释原因，以获得客户的理解和认可，让客户放心和满意。

6. 恭送客户

对于结算完的客户，业务接待人员依然需要热情地提醒客户行车注意事项和下次保养时间（或者里程）；并且礼貌地陪同客户走至车旁，当面取下车内防尘套（图 2—6—2a），提示客户三天后进行跟踪回访。在表示感谢后，目送客户开车离去（图 2—6—2b）。整个过程中，业务接待人员要让客户感受到真诚的关怀和细致到位的服务。

a）

b）

图 2—6—2　恭送客户

a）当面去下车内防尘套　b）目送客户开车离去

任务实施

1. 每两组配对，各选取派一名代表，分别扮演业务接待人员和车主，然后两人互换角色。要求每个组员记录客户反馈意见，并总结自己的心得。所有小组都要进行角色扮演。

(1) 场景：一位客户开车到店，要求进行更换机油项目。维修技术人员发现该车辆散热器存在问题，进一步检查后，还发现散热器有渗漏现象，因此建议更换散热器。零件费和工时费合计为 350 元，如果客户同意，车辆将在下午 3：00 完成上述维修、保养项目。

记录：

心得：

(2) 场景：一位客户开车到店，要求进行轮胎换位项目。在轮胎换位过程中，维修技术人员发现汽车前轮的制动毂磨损严重，且已经无法修复，需要进行更换。更换前轮制动毂的零件费和工时费合计为 200 元，如果客户同意，车辆将在第二天的 10：00 完成上述维修、保养项目。

记录：

心得：

2. 各组依据任务描述编写本组的交车工作计划，并填入表 2—6—2。

表 2—6—2 交车工作计划

项目	资料准备	主要内容
验车		
出具账单		
通知客户取车		
说明费用详情		
贴心服务		
恭送客户		

3. 各组选派一名代表扮演业务接待人员，与教师完成结算与交车流程。各组及教师完成任务实施评价表（表 2—6—3）。

表 2—6—3 结算与交车实施评价表

环节	阶段	评价项目	判断标准	操作情况（是/否）
结算	结算说明	是否向客户逐项说明维修、保养的作业内容和结果（复述结算单及保养确认单的内容）	须逐项说明所有作业内容	
		是否逐项说明维修费用	须说明费用总额与各项费用明细	
		实际收取的费用是否与预估费用一致	按照追加后的金额判断实际发生的费用 如果项目发生变化且未事先告知客户，选“否”	
		是否请客户在结算单上签字确认	客户付款前应在结算单上签名	

续表

环节	阶段	评价项目	判断标准	操作情况（是/否）
结算	收银	是否陪同客户到收银台	必须陪同客户 如果只是向客户口头指出收银台，选“否” 业务接待人员主动代办收银和手续，选“否”	
交车送行	交车	业务接待人员是否陪同客户前去取车	必须由业务接待人员陪同，业务接待人员将车开到面前亦可	
		是否当面取下车内的保护件	雨天时，在车内可保留脚垫	
		是否向客户提供有益的建议，如使用注意事项等（也可在验车时说明）	提供用车注意事项、行车安全、使用安全、使用问题及车辆保养、维修等任一方面的建议 仅提醒下次保养事宜，选“否”	
		是否向客户告知维修、保养结束后3天内将会有跟踪回访	必须告知3天内将会有跟踪回访 未告知，送“否”	
		是否向客户询问合适的回访时间段	口头确认即可	
		是否向客户说明本店的预约服务	未说明，选“否”	
		是否向客户说明下次保养的费用、时间、里程	未说明，选“否”	
	送行	是否微笑目送客户离开	客户上车、起动汽车时业务接待人员须保持目送	

活动7　跟 踪 回 访

学习目标

1. 能够完成跟踪回访服务。
2. 能够正确填写回访表。
3. 能够与客户有效沟通。

任务描述

两天前，李先生在某4S店完成了新购置丰田凯美瑞轿车的首保，并且通过质检将车提走。要求业务接待人员按要求对李先生进行跟踪回访。

获取信息

一、跟踪回访的意义

跟踪回访的意义在于提升客户服务质量并留住客户，通过了解客户对此次服务的满意程度，发现企业维修、保养及接待等工作中的不足，帮助维修企业改进工作。

二、跟踪回访服务内容

1. 回访时间

从客户到店完成一次售后服务后，3天内应对客户进行跟踪回访。

2. 回访方式

回访方式包括电话回访、邮件回访、到店回访。

3. 回访内容

(1) 了解车辆的当前状况。

(2) 了解此次服务内容。

(3) 了解客户对此次服务内容的满意度。

(4) 掌握客户诉求与期望。

(5) 关怀客户，友情提示（如行车注意事项或者下次保养时间等）。

4. 回访表

回访表是记录售后服务质量和客户满意度的单据，以及向客服经理汇报售后服务情况和客户信息的主要依据，见表2—7—1。

表2—7—1 **回访表**

回访日期：

序号	车牌	车型	送修人	性别	联系电话	行驶里程	交车日期	维修类别	维修内容	业务接待人员	维修技术人员	总体满意度	客户反馈
1													
2													
3													
…													

回访中如果发现客户有强烈的不满情绪，应及时记录在回访表中，并耐心地向客户解释，说明原因，同时及时向经理汇报，在一天内调查清楚问题，给客户一个合理的解释，以平息客户抱怨，使客户满意。业务接待人员将对每个客户的回访记录表整理成电话回访客户满意度汇总表，见表 2—7—2。

表 2—7—2　　电话回访客户满意度汇总表

回访日期	应访人数	实访人数	成功电访率	电访成功								电访不成功							不满意原因分析						
				非常满意	比例	满意	比例	一般	比例	不满意	比例	1 停机	2 关机	3 拒绝回访	4 号码错误	5 不便接听	6 无人接听	7 非车主本人	1 服务态度	2 服务解释	3 未一次修复	4 产品问题	5 预约准备	6 价格抱怨	7 其他
合计																									

5. 跟踪回访服务流程

业务接待人员进行电话跟踪回访服务时可遵照图 2—7—1 所示的流程。

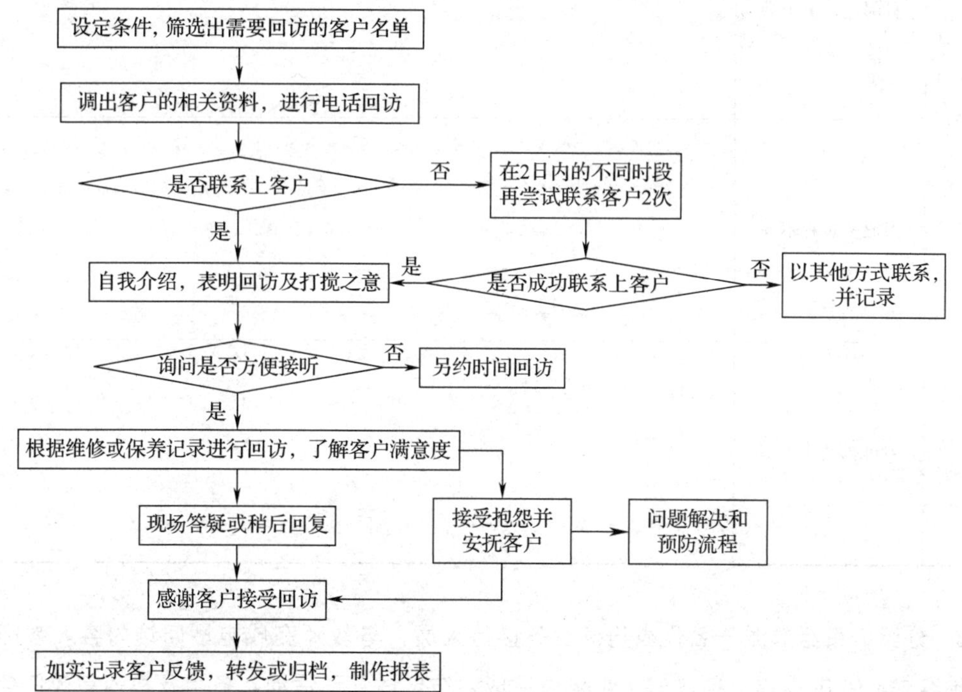

图 2—7—1　电话跟踪回访服务流程

任务实施

1. 分组讨论，填写对李先生的电话回访计划表（表 2—7—3）。

表 2—7—3　　　　　　　　　　电话回访计划表

<table>
<tr><th colspan="2">项目</th><th>回访计划内容</th></tr>
<tr><td colspan="2">回访时间</td><td></td></tr>
<tr><td colspan="2">回访内容</td><td></td></tr>
<tr><td rowspan="4">客户不同反映的应对方案</td><td>客户满意</td><td></td></tr>
<tr><td>对配件质量不满</td><td></td></tr>
<tr><td>对服务过程不满</td><td></td></tr>
<tr><td>对维修技术不满</td><td></td></tr>
</table>

2. 分组，每组选派一名代表扮演业务接待人员，与教师完成电话回访内容。教师随机从四种客户反映中挑选一种，与小组代表完成回访电话互动活动。各组及教师完成任务实施评价表（表 2—7—4）。

表 2—7—4　　任务实施评价表

环节	阶段	评价项目	判断标准	操作情况（是/否）
客户关怀	回访	是否在三日内进行了客户回访工作	必须在三日内完成	
		是否向客户表示谢意	礼貌地向客户致意并表示感谢	
		是否向客户询问了保养维修的作业结果	须逐项询问所有作业项目的质量问题	
		是否对客户不满情绪进行了安抚、解释原因等处理	耐心听取具体原因，安抚客户情绪，积极协调解决问题	
		是否做好回访记录	完整记录客户对维修和服务质量的意见	
		是否将当天的客户回访记录提交给服务经理	维修服务质量有问题、影响客户情绪的回访记录应当天提交服务经理 客户满意的回访记录汇总后分阶段提交	

任务三　汽车维修业务接待的其他工作

活动 1　保险车辆理赔与索赔管理

学习目标

1. 了解车辆三包内容以及三包期限内的索赔方法。
2. 了解并掌握车辆保险的种类、内容和车辆保险理赔的方法。
3. 了解原厂召回制度的含义和内容。

任务描述

王先生刚购买1年的1.6 L丰田卡罗拉轿车在今夏雨天里停放在地下车库时被水浸没，导致发动机被水浸泡。王先生通知丰田4S店将车辆拖回4S店进行维修。因为车辆还在保修期限内，所以王先生与4S店的业务接待人员协商、处理有关的维修费用问题。业务接待人员应根据车主所购买的车险情况进行合理的说明和赔偿。

获取信息

一、“三包”概述

“三包”是零售商业企业对所售商品实行“包修、包换、包退”的简称。它是指商品进入消费领域后，卖方对买方所购物品负责而采取的在一定限期内的一种信用保证办法。经销商对非因客户使用、保管不当而造成的、属于产品质量问题而发生的故障提供该项服务。

1. 汽车三包内容

(1) 包修

在包修期内，家用汽车产品出现产品质量问题，消费者凭三包凭证由修理者免费（其中包括工时费和材料费）修理。修车超过5天时，车主有权要求汽车销售者或汽车维修厂提供备用车。

(2) 包换

根据有关规定，在三包有效期内，如果汽车修理时间累计超过35天，或者同一个产品质量问题引发的修理累计超过5次，消费者可以换车。

（3）包退

根据有关规定，发动机更换两次仍不正常，消费者可退车。在三包有效期内，发动机因严重安全性能故障累计进行了2次修理，仍未排除或者又出现新的严重安全性能故障的，或发动机、变速器累计更换2次后，或转向系统，制动系统，悬架系统，前、后桥，车身的同一主要零件因其质量问题累计更换2次后，仍不能正常使用的，消费者选择退货时，销售者应当负责退货。

如果家用汽车产品符合更换条件，销售者无同品牌同型号产品，也无不低于原车配置的产品向消费者更换的，消费者可以选择退货，销售者应当负责退货。

2. 三包期限

家用汽车产品包修期限不低于3年或者行驶里程60 000 km，以先发生者为准；家用汽车产品三包有效期限不低于2年或者行驶里程50 000 km，以先发生者为准。家用汽车产品包修期和三包有效期自销售者开具购车发票之日起计算。

3. 三包责任的免除

（1）易损耗零部件在超出生产者明示的质量保证期后出现产品质量问题的，销售者可以不承担家用汽车产品三包责任。

（2）在家用汽车产品包修期和三包有效期内，存在下列情况之一的，销售者对所涉及产品质量问题，可以不承担三包责任：

1）消费者所购家用汽车产品已被书面告知存在瑕疵的。

2）家用汽车产品用于出租或者其他营运目的的。

3）使用说明书中明示不得改装、调整、拆卸，但消费者自行改装、调整、拆卸而造成损坏的。

4）发生产品质量问题，消费者自行处置不当而造成损坏的。

5）因消费者未按照使用说明书要求正确使用、维护而造成损坏的。

6）因不可抗力造成损坏的。

在家用汽车产品包修期和三包有效期内，无有效发票和三包凭证的，销售者可以不承担规定的三包责任。

二、车辆三包索赔

1. 保修索赔

所有的商品都有保修索赔期，也就是商品的质量担保期。索赔即是汽车生产企业对产品的质量担保。

（1）保修索赔的前提条件

1）必须是在规定的保修索赔期内。

2）客户必须遵守保修、保养手册的规定，正确驾驶、保养、存放车辆。

3）所有保修服务工作必须由汽车制造厂设在各地的特约销售服务站实施。

4）必须是由特约销售服务站售出并安装或原车装在车辆上的配件，方可申请保修。

（2）保修索赔范围

1）在保修索赔期内车辆正常使用情况下，整车或配件发生质量故障，修复故障所花费的材料费、工时费属于保修索赔范围。

2）在保修索赔期内，车辆发生故障无法行驶，需要特约销售服务站外出抢修，特约销售服务站在抢修中的交通、住宿等费用属于保修索赔范围。

3）汽车制造厂为每一辆车提供两次在汽车特约销售服务站的免费保养，两次免费保养的费用属于保修索赔范围。

（3）不属于保修索赔的范围

1）不具有相应保修、保养手册，或保修、保养手册上印章不全，或发现擅自涂改保修、保养手册情况的，汽车特约销售服务站有权拒绝客户的保修索赔申请。

2）车辆正常例行保养和车辆正常使用中的损耗件不属于保修索赔范围。

3）因不正常保养造成的车辆故障不属于保修索赔范围。

4）车辆不是在汽车制造厂授权服务站维修，或者车辆安装了未经汽车制造厂售后服务部门许可的配件不属于保修索赔范围。

5）客户私自拆卸、更换里程表，或更改里程表读数的车辆不属于保修索赔范围。

6）因为环境、自然灾害、意外事件造成的车辆故障不属于保修索赔范围。

7）因为客户使用不当、滥用车辆（如用作赛车）或未经汽车制造厂售后服务部门许可改装车辆而引起的车辆故障不属于保修索赔范围。

8）间接损失不属于保修索赔范围。

9）由于特约销售服务站操作不当而造成的损坏不属于保修索赔范围。

10）在保修索赔期内，客户车辆出现故障后未经汽车制造厂同意继续使用而造成进一步损坏，汽车制造厂只对原有故障损失负责，其余损失责任由客户承担。

2. 包退、包换索赔

（1）索赔整车的条件

因产品质量原因造成的故障无法消除，而其他补救措施对客户而言又不尽合理，在这种情况下，给客户换车是恰当的做法，这也是建议采用的措施。

1）以下情况可以申请索赔整车

①车辆故障由重大产品质量缺陷引起，且故障无法完全排除。

②车辆故障由重大产品质量缺陷引起，车辆的修复达不到国家相关技术标准。

③客户提车不超过 24 h 就发现重大车辆故障。

2）以下情况不能索赔整车

①车辆行驶超过质量担保期。

②车辆没有按规定定期保养或操作、使用不当。

③车辆发生过交通事故。

（2）客户支付汽车退换的补偿费用

按照国家《家用汽车产品修理、更换、退货责任规定》，汽车整车更换或者退货的，客户应当向销售商和生产厂家支付因使用家用汽车产品所产生的合理使用补偿；销售者依照规定应当免费更换、退货的除外。合理使用补偿费用的计算公式为：

$$客户应支付的补偿费用=（车价款\times 行驶里程/1\,000）\times n$$

式中，n 为补偿系数，由生产厂家根据家用汽车产品使用时间、使用状况等因素在确定，并在三包凭证中明示，一般为 0.5%～0.8%。

家用汽车产品更换或者退货的，发生的税费按照国家有关规定执行。

（3）整车退换的期限及费用处理

1）在家用汽车产品三包有效期内，客户提出更换、退货的书面要求，汽车销售者应当自收到客户书面要求更换、退货之日起 10 个工作日内，做出书面答复。逾期未答复或者未按本规定负责更换、退货的，视为故意拖延或者无正当理由拒绝。

2）在家用汽车产品三包有效期内，符合退货条件的，汽车销售者应当自客户要求退货之日起 15 个工作日内向客户出具退车证明，并负责为客户按发票价格一次性退清货款。家用汽车产品更换或退货时应当按照有关法律法规规定办理车辆登记等相关手续。

3. 汽车索赔的程序

（1）客户向特约经销商索赔

1）客户在使用车辆过程中，发现车辆出现故障或存在缺陷，应向特约经销商提出索赔，不能直接向汽车生产厂家提出索赔。

2）特约经销商索赔鉴定人员对故障车辆进行鉴定，对于在质量担保期内且符合质量担保条件的车辆给予索赔，维修工时费、材料费不与客户结算。如果确认了索赔整车，则应填写索赔整车申请报告，报售后服务主管部门审批，再填写商品车换车审批表，并上报审批。符合索赔整车条件的，在给客户换车时，还要填写换车交接登记表。在维修好故障整车后，特约经销商和当地中转库要填写索赔修复车交接表。

（2）特约经销商向汽车生产厂家索赔

1）对于符合索赔条件并完成索赔鉴定的客户车辆配件，特约经销商的索赔员填写索赔登记卡（图 3—1—1），并在管理系统中录入索赔申请单，将相应的条形码粘贴或拴挂在索赔件上，并将该索赔件按月及时送往（或寄往）指定地点。

2）汽车生产厂家售后服务部门的索赔员对经销商邮寄过来的索赔件及索赔申请单进行审核，并通过管理系统将确认的索赔申请转入索赔结算库。

3）根据管理系统中“经销商月结算”的信息，经销商开具增值税发票，并将发票按要求录入管理系统；经销商把索赔款发票及销货清单，以特快专递形式寄给汽车生产厂家财务部门，其财务部门通过管理系统将索赔款转为备件款。

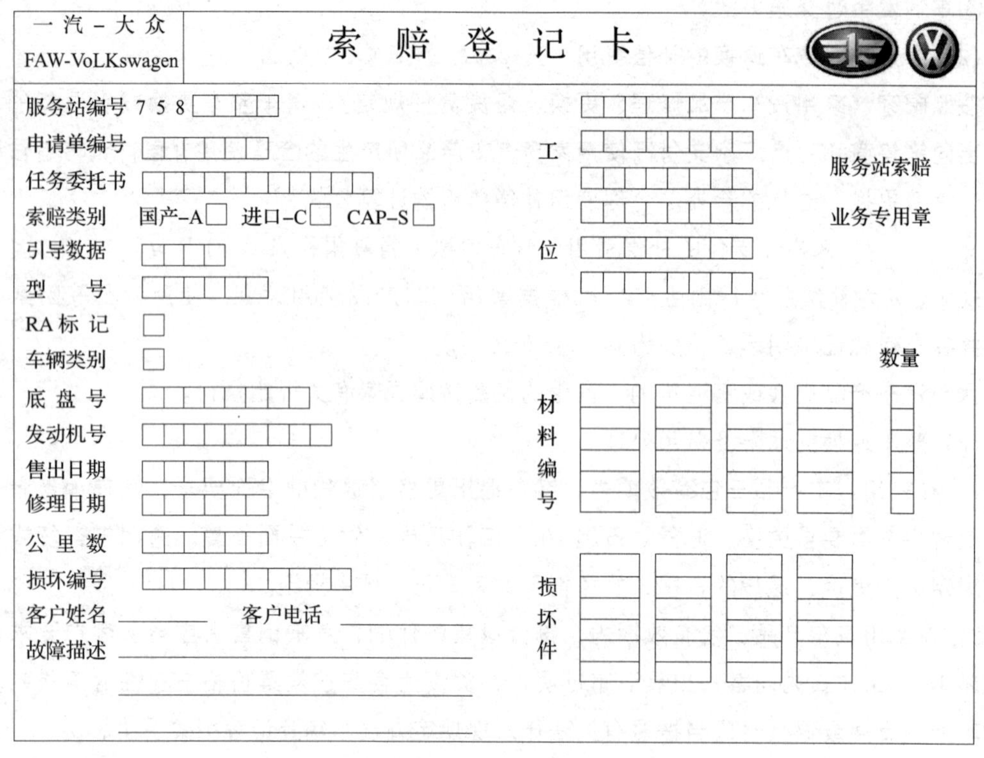

一汽－大众
FAW-VoLKswagen
索赔登记卡

服务站编号 7 5 8
申请单编号
任务委托书
索赔类别 国产-A☐ 进口-C☐ CAP-S☐
引导数据
型 号
RA标 记 ☐
车辆类别 ☐
底 盘 号
发动机号
售出日期
修理日期
公 里 数
损坏编号
客户姓名 ________ 客户电话 ________
故障描述 ________

工位

服务站索赔
业务专用章

数量

材料编号

损坏件

图 3—1—1 索赔登记卡

4）对于重大质量问题造成的索赔，经销商应及时填写重大质量问题反馈报告；对于多发性质量问题造成的索赔，经销商应及时填写多发故障反馈报告，及时上报给汽车生产厂售后服务部门。

（3）汽车生产厂家向零部件生产厂家索赔

1）汽车生产厂家售后服务部门的索赔员将审核后的索赔申请单通过汽车生产厂家管理服务部交给零部件生产厂家，申请索赔。

2）零部件生产厂家把索赔申请单对应的索赔款存到汽车生产厂家指定的账户。

3）汽车生产厂家售后服务部门的索赔员把审核后的索赔申请单按协作厂分类，打印售后服务外协件索赔单。

三、车辆保险概述

1. 保险定义

保险有广义和狭义之分。广义的保险是指保险人向投保人收取保险费，建立专门用途的保险基金，并对投保人负有法律或合同规定范围内的赔偿和给付责任的一种经济补偿制度。广义保险包括社会保险、商业保险以及合作保险。狭义的保险特指商业保险，即通过合同的形式，运用商业化经营原则，由专门机构向投保人收取保险费，建立保险基金，用作对被保险人在合同范围内的财产损失进行补偿或人身伤亡以及年老丧失劳动能力者经济损失给付的一种经济保障制度。

汽车保险是指对汽车由于自然灾害或意外事故所造成的财产损失或人身伤亡负赔偿责任的一种商业保险。因为汽车保险以汽车本身、汽车所有人或驾驶人因驾驶汽车发生意外事故所负的责任为保险标的，所以它既属于财产损失保险范畴，又属于责任保险范畴，是一个综合性的险种。

2. 汽车特约销售服务站索赔员

(1) 对索赔员的具体要求

每一个特约销售服务站必须配备一名专职索赔员。专职索赔员的主要工作内容是保修索赔、免费保养和质量信息反馈。

(2) 索赔员的工作职责

1) 充分理解保修索赔政策，熟悉汽车制造厂保修索赔工作的业务知识。

2) 对待客户要热情礼貌、不卑不亢，认真听取客户有关车辆的质量意见，实事求是地做好每一辆提出索赔申请故障车的政策审核和质量鉴定工作。

3) 严格按照保修索赔政策为客户办理索赔申请。

4) 准确、及时地填报汽车生产厂家规定的索赔表单和质量情况报告，完整地保管和运送索赔旧件。

5) 积极向客户宣传并使其理解保修索赔政策。

6) 积极协助客户做好每一次免费保养和例行保养。

7) 在客户的保修、保养手册上记录每一次保修、保养情况。

8) 严格、细致地做好售前检查。

9) 及时、准确地向汽车生产厂家索赔管理部门提交质量信息报告。

3. 汽车保险的种类

车险种类按性质可以分为强制保险与商业保险。强制保险（即交强险）是国家规定强制购买的保险；商业保险是非强制购买的保险，车主可以根据实际情况进行购买。根据保障的责任范围，车险还可以分为基本险（或称为主险）和附加险。基本险有四个独立的险种：第三者责任险、车辆损失险、盗抢险、车上人员责任险。投保人可以选择投保其中的部分险种或者全部险种。车上责任险、无过失责任险、车载货物掉落责任险等是第三者责任险的附加险；按照规定，只有先投保第三者责任险，才能投保第三者责任险的附加险；玻璃单独破碎险、自燃损失险、划痕险、新增加设备损失险是车辆损失险的附加险。按照规定，只有先投保车辆损失险，才能投保车辆损失险的附加险。每个险别可以独立投保。不计免赔险是车损险或三责险的附加险。

(1) 基本险

1) 第三者责任险。全称为商业第三者责任保险，是指被保险人允许的合格驾驶员在使用被保险车辆过程中发生的意外事故，致使第三者遭受人身伤亡或财产的直接损失，依法应当由被保险人支付的赔偿金额，保险人会按照保险合同中的有关规定给予赔偿。同时，如果经保险公司书面同意，被保险人因此发生的仲裁或诉讼费用由保险公司承担。该险种主要是保障道路交通事故中第三方受害人获得及时、有效赔偿的险种。

2）车辆损失险。指被保险车辆遭受保险责任范围内的自然灾害（不包括地震）或意外事故，造成保险车辆本身损失，保险人依据保险合同的规定给予赔偿。

3）盗抢险。全称为机动车辆全车盗抢险，其保险责任为全车被盗窃、被抢劫、被抢夺造成的车辆损失以及在被盗窃、被抢劫、被抢夺期间受到损坏或车上零部件、附属设备丢失需要修复的合理费用。机动车辆全车盗抢险的保险责任包含两部分：一是因被盗窃、被抢劫、被抢夺造成的被保险车辆的损失；二是因被保险车辆被盗窃、被抢劫、被抢夺造成的合理费用支出。对上述两部分费用，保险公司在保险金额内负责赔偿被保险车辆全车被盗窃、被抢劫、被抢夺造成的损失。

4）车上人员责任险。负责赔偿保险车辆发生意外事故，导致车上的驾驶员或乘客发生人员伤亡造成的费用损失，以及为减少损失而支付的必要合理的施救、保护费用。车上人员责任险建议可以考虑用人寿保险的产品替代。

（2）附加险

1）车上责任险。指投保了该项保险的机动车辆在使用过程中发生意外事故，致使保险车辆所载货物遭受直接损毁和车上人员的人身伤亡，依法应由被保险人承担的经济赔偿责任，以及被保险人为减少损失而支付的必要合理的施救、保护费用，保险公司在保险单所载明的本保险赔偿限额内计算赔偿。

2）无过失责任险。指投保了该项保险的车辆在使用中，因与非机动车辆、行人发生交通事故，造成对方人员伤亡和财产直接损毁，保险车辆一方无过失，且被保险人拒绝赔偿未果，对被保险已经支付给对方而无法追回的费用，保险公司负责给予赔偿。

3）车载货物掉落责任险。指被保险人或其允许的合格驾驶人在使用保险车辆过程中，所载货物从车上掉落致使第三者遭受人身伤亡或财产的直接损毁，依法应当由被保险人承担的经济赔偿责任，保险人在保险单所载明的本保险赔偿限额内负责赔偿。它是第三者责任保险的附加险。

4）玻璃单独破碎险。指车辆的风挡玻璃和车窗玻璃发生单独破碎，保险公司负责赔偿。这个险种不包括车灯、车镜玻璃。如果是由其他事故引起的，车辆损失险里有赔偿。

5）自燃损失险。指车辆在行驶过程中，因本车电器、线路、供油系统发生故障及载运货物自燃原因而起火燃烧，造成车辆损失以及施救所支付的合理费用。新车建议不购买该险种，三年以上的车辆建议考虑购买。

6）划痕险。全称为车身划痕损失险，是指在保险期间内，保险车辆发生无明显碰撞痕迹的车身表面油漆单独划伤，保险公司按实际损失负责赔偿。一般新车、新手购买这个险种，家庭自用车辆、非营业车辆可投保。

7）新增加设备损失险。负责赔偿车辆由于发生碰撞等意外事故而造成的车上新增设备的直接损失。它是车辆损失险的第三大附加险，在现在的生活中有着越来越广泛的应用。

8）不计免赔险。全称为不计免赔率特约条款，通常指经特别约定，保险事故发生后，按照对应投保的主险条款规定的免赔率计算的、应当由被保险人自行承担的免赔额部分，保险人负责赔偿的一种保险。它是一种商业险（车损险或三责险）的附加险。不计免赔险作为一种附加险，需要以投保的“主险”为投保前提条件，不可以单独进行投保。

①不计免赔率。车辆发生车辆损失险或第三者责任险的保险事故造成赔偿，对应由被保险人承担的免赔金额（20%），由保险公司负责赔偿。

②不计免赔额。车辆发生车辆损失险或第三者责任险的保险事故造成赔偿，对应由被保险人承担的免赔金额，由保险公司负责赔偿。

四、保险组合方案选择

目前，机动车保险包括两个基本险、交强险和多个附加险。除交强险是强制险种外，其他的险种都是以自愿投保为原则。下面为五款常见的机动车保险方案。

1. 最低保障方案（表 3—1—1）

表 3—1—1　　最低保障险种组合方案

项目	说明
险种组合	机动车交通事故责任强制保险（简称交强险）
保障范围	只对第三者的损失按照限额负责赔偿责任
适用对象	每位车主都必须投保
优点	有了该险种才可以上牌照或者审车；费用低
缺点	只有最低保障，对第三者损失的赔偿限额很少，而主车的损失则没有赔偿

2. 基本保障方案（表 3—1—2）

表 3—1—2　　基本保障险种组合方案

项目	说明
险种组合	车辆损失险＋第三者责任险
保障范围	只投保基本险，不包含任何附加险
适用对象	有一定经济压力的车主
优点	保险的必要性最高；费用适度
缺点	不是险种的最佳组合，只能够提供基本的保障

3. 经济保障方案（表 3—1—3）

表 3—1—3　　经济保障险种组合方案

项目	说　明
险种组合	车辆损失险＋第三者责任险＋不计免赔特约险
保障范围	大多数保险责任事故
适用对象	精打细算的车主
优点	保险性价比较高，车主最关心的丢失和 100％赔付等大风险都有保障，保费经济且保障基本齐全（包含了比较实用的不计免赔特约险）
缺点	仍不算最完善的保险方案

4. 最佳保障方案（表 3—1—4）

表 3—1—4　　最佳保障险种组合方案

项目	说　明
险种组合	车辆损失险＋第三者责任险＋车上人员责任险＋不计免赔特约险＋玻璃单独破碎险
保障范围	正常的交通事故及单方事故所造成的主车和第三者责任方的损失
适用对象	一般公司或者个人
优点	在经济投保方案的基础上，加入了车上人员责任险种和玻璃单独破碎险，使乘客及车辆易损部分得到了安全保障。这个保险组合属于投保价值大的险种，物有所值，抗风险能力强
缺点	无

5. 完全保障方案（表 3—1—5）

表 3—1—5　　完全保障险种组合方案

项目	说　明
险种组合	车辆损失险＋第三者责任险＋车上人员责任险＋不计免赔特约险＋玻璃单独破碎险＋自燃险＋盗抢险
保障范围	除了能保障正常的交通事故及单方事故所造成的主车和第三者责任方的损失外，增加了主车放置安全的保障。
适用对象	经济条件比较宽裕的车主
优点	在经济投保方案的基础上，加入乘客和车辆易损部分以及全车的安全保障，使得与汽车有关的全部事故损失基本都能得到赔偿
缺点	全险的保费高，而且某些险种出险的概率非常小

五、汽车保险理赔

1. 汽车保险理赔的含义

汽车保险理赔是指保险车辆在发生保险责任范围内的损失后，保险人或委托理赔代理人依据保险合同条款的约定对被保险人或委托代理人提出的索赔请求进行处理的法律行为。

2. 汽车保险理赔的原则

(1) 坚持“实事求是”的原则

整个理赔工作体现了保险的经济补偿职能作用。当发生汽车保险事故后，要及时为投保客户服务，帮助被保险人千方百计地避免损失扩大，尽量减轻因灾害、事故造成的影响，及时安排事故车辆修复，并保证基本恢复车辆的原有技术性能，使其尽快投入使用。

在现场查勘，事故车辆修复、定损以及赔案处理方面要坚持实事求是的原则。在尊重客观事实的基础上，具体问题具体分析，既严格按条款办事又结合实际情况，进行适当灵活地处理，使各方都比较满意。

(2)“重合同，守信用，依法办事”的原则

保险人是否履行合同，就看其是否严格履行经济补偿义务。因此，保险方在处理理赔案时，必须加强法制观念，严格按条款办事，该赔的一定要赔，而且要按照赔偿标准及规定赔足；不属于保险责任范围的损失不滥赔，同时还要向被保险人讲明道理，拒赔部分要讲事实、重证据。要坚持“重合同，守信用，依法办事”，正确履行保险赔偿事宜。

(3) 贯彻“主动、迅速、准确、合理”的原则

“主动、迅速、准确、合理”是根据保险理赔工作实践所总结出的八字理赔原则，是保险理赔工作优质服务的基本要求。

1) 主动。要求保险理赔人员对出险的案件要积极、主动地调查、查勘现场，掌握出险情况，进行事故分析，确定保险责任。

2) 迅速。要求保险理赔人员查勘、定损处理要迅速，不拖沓，对赔案要核算准确，赔款计算案卷缮制快捷，复核、审批快速，使被保险人及时得到赔款。

3) 准确。要求从查勘、定损以至赔款计算，都要做到准确无误，不错赔，不滥赔，不惜赔。

4) 合理。要结合具体案情准确定性，尤其是在对事故车辆进行定损过程中，要合理确定事故车辆维修方案。

3. 交通事故责任认定书

交通事故责任认定书是公安交通管理部门依照交通法规对交通事故的当事人有无违章行为及对违章行为与交通事故损害后果之间的因果关系进行定性、定量评断所形成的文书材料。交通事故责任认定书是一种具有法律效力的技术文书，其目的是分清事故责任，为依照

交通法规和其他规定对肇事者做出正确恰当的处分，同时也为以后事故损害赔偿处理打下基础，提供依据。因此，在汽车保险理赔工作中应当重视交通事故责任书的证据作用。

4. 汽车理赔流程

汽车理赔流程如图 3—1—2 所示。

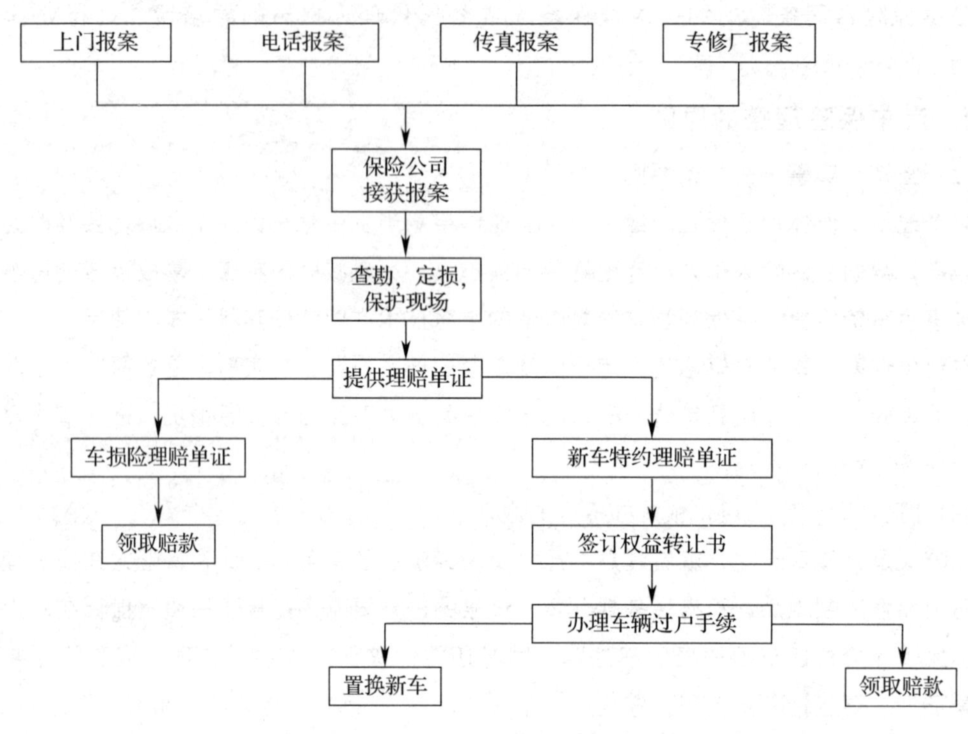

图 3—1—2 汽车理赔流程

(1) 报案

1) 报案的方式。报案是指被保险人在发生了保险事故之后以各种方式通知保险人，要求保险人（即保险公司）进行事故处理。保险人一般要求被保险人在事故发生 48 h 内报案，向公安机关及保险公司的理赔部门打电话。如果错过了时间，保险公司不予理赔。常用的报案方式有两种：通过保险公司统一的客户服务中心的报案电话进行报案；上门或通过电话、传真向保险公司的理赔部门进行报案。

2) 报案登记

①报案记录。接案人员在接到被保险人报案时，应询问报案人姓名，被保险人姓名，保险单号码，驾驶员情况，车型，牌照号码，出险的时间、地点、原因，并在计算机系统上记录，给出报案号。

②填写出险通知书。理赔人员在受理报案的同时，应向被保险人提供保险车辆出险通知书和索赔须知，并指导其据实、详细地填写保险车辆通知书。

(2) 查勘

1) 检验人员在接到保险公司内勤通知后 1 个工作日内完成现场查勘和检验工作。受损标的在外地的检验可委托当地保险公司在 3 个工作日内完成。

2）要求客户提供有关单证。

3）指导客户填列有关索赔单证。

(3）定损与赔偿

1）车辆定损时应到保险事故的主责任方保险公司。对于双方事故来讲，应拨打 122 交通报警台，由交管部门认定双方各自责任，并出具相关的责任认定书；然后，由主要责任方向保险公司报案，双方当事人一同到保险公司定损。

2）证明要提供齐全。报案后应当提供以下证明或单据：在有效期内的保单正本；被保险人身份证；经过年检合格的被保险车辆行驶证；发生事故时驾驶人的驾驶证，此驾驶证必须经过年审合格并确定在准驾车型范围内；属于道路交通事故的，应提供交管部门出具的事故证明；属于非道路交通事故的，应提供相应的事故证明；因事故而产生的损失清单以及有关的费用单据。

3）10 日内需提交索赔单证。上述手续备齐后，就可以到被保险人的承保公司或有定损资格的汽车专修厂进行拍照、定损、理赔。所有损失在修复之前，必须经过定损环节，以核定损失项目及金额。定损完毕，即可修理受损车辆。事故处理后 10 日内将索赔单证交给保险公司，由保险公司计算赔款。然后，保险公司会通知领取赔款。

4）注意事项。发生保险事故造成保险车辆损坏的，应当尽量修复。在修理前被保险人须会同保险公司进行检验，协商并确定修理或者是更换项目、方式和费用。否则，保险公司有权重新核定，因被保险人原因而导致损失无法确定的部分，保险公司不承担赔偿责任。

5. 汽车保险“免赔”条则

根据驾驶人在交通事故中所负责任比例、车辆损失及施救费用实行相应的事故责任免赔率，被保险人可以选择适用以下的事故责任免赔率。

(1）事故责任免赔率

在交通事故中，保险车辆驾驶人负全部责任的，事故责任免赔率为 15%；负主要责任的，事故责任免赔率为 10%；负同等责任的，事故责任免赔率为 8%；负次要责任，事故责任免赔率为 5%。单方肇事事故的事故责任免赔率为 15%。应当由第三者负责赔偿且确实无法找到第三者的，实行 30%的事故责任免赔率。

(2）不计免赔率

无论保险车辆的驾驶人在交通事故中负何种责任或者是单方肇事的，事故责任免赔率均为 0。应当由第三者赔偿且确实无法找到第三者的，实行 30%的事故责任免赔率。

(3）绝对免赔率

1）在发生保险事故时，保险车辆违反法律法规中有关机动车辆装载规定，但违规装载并非保险事故发生原因的，实行 10%的绝对免赔率。

2）在发生保险事故时，营运货车实际装载货物风险类别高于保险单载明的货物风险类别的，增加10%的绝对免赔率。

3）在发生保险事故时，保险车辆实际行驶区域超出保险单约定范围的，增加10%的绝对免赔率。

4）投保人在投保时可指定驾驶人或者不指定驾驶人，并执行相应的费率。

①指定驾驶人的，投保人应如实告之指定驾驶人的相关信息，包括驾驶人的姓名、性别、年龄、准驾车型、初次领取驾照时间、身份证或者是其他有效证件号码等。

②指定驾驶人的保险车辆由非指定驾驶人驾驶保险车辆发生保险事故，或者是投保人提供的指定驾驶人的信息不真实的，在赔偿时增加10%的绝对免赔率。

六、汽车召回制度

1. 汽车召回制度概述

汽车召回制度就是投放市场的汽车发现由于设计或制造方面的原因存在缺陷，不符合有关法规、标准，有可能导致安全及环保问题，汽车生产厂家必须及时向国家有关部门报告该产品存在的问题、造成问题的原因、改善措施等，提出召回申请，经批准后对在用车辆进行改造，以消除事故隐患。

汽车召回制度始于20世纪60年代的美国。美国的律师拉尔夫发起运动，呼吁国会建立汽车安全法规。他努力的结果就是美国颁布了《国家交通及机动车安全法》。该法律规定，汽车制造商有义务公开发布汽车召回的信息，且必须将情况通报给客户和交通管理部门，进行免费修理。1969年5月，美国媒体抨击欧洲和日本车商私自召回缺陷车进行修理，特别指出蓝鸟漏油和丰田卡罗拉制动故障问题。1969年6月1日，日本《朝日新闻》报道这个消息后，在日本引起轩然大波。同年8月，日本运输省修改了《机动车形式制定规则》，增加了“汽车制造商应承担在召回有缺陷车时公之于众的义务”的内容。

2004年3月15日，我国公布《缺陷汽车产品召回管理规定》，于2004年10月1日起开始实施。这是中国以缺陷汽车产品为试点首次实施召回制度。《缺陷汽车产品召回管理规定》由国家质量监督检验检疫总局、国家发展和改革委员会、商务部、海关总署联合制定发布。2012年10月10日，国务院第219次常务会议通过《缺陷汽车产品召回管理条例》(国务院262号)，并予以公布，自2013年1月1日起正式施行。

2. 汽车召回制度与汽车“三包”制度的区别

从表面上看，汽车召回制度和汽车“三包”制度目的都是为了解决汽车出现的一些质量问题，维护消费者的合法权益。但是，它们在目的、法律依据、对象、范围等方面有所区别。

(1) 目的不同

汽车召回制度的目的是为了消除缺陷汽车安全隐患给全社会带来的不安全因素，维护公众安全。汽车“三包”制度的目的是为了保护消费者的合法权益，在产品责任担保期内，当车辆出现质量问题时，由汽车生产厂家负责为消费者免费解决。

（2）法律依据不同

汽车召回制度是根据《产品质量法》，对可能涉及对公众人身、财产安全造成威胁的缺陷汽车产品，依据国家有关部门制定《缺陷汽车产品召回管理规定》，维护公共安全、公众利益和社会经济秩序。汽车“三包”对于经营者来讲在法律关系上属特殊的违约责任，根据《产品质量法》对在“三包”期内有质量问题的产品由销售商负责的规定。

（3）对象不同

汽车召回制度主要针对系统性、同一性且与安全有关的缺陷。这个缺陷必须是在一批车辆上都存在，而且是与安全相关的。汽车“三包”制度主要解决由于随机因素导致的偶然性产品质量问题的法律责任。它是针对由生产、销售过程中各种随机因素而导致产品出现的偶然性产品质量问题，一般不会造成大面积人身的伤害和财产损失。在产品“三包”期内，只要车辆出现质量问题，无论该问题是否与安全有关，只要不是因消费者使用不当造成的，销售商就应当承担修理、更换、退货的产品担保责任。

（4）解决方式不同

汽车召回制度的主要解决方式是：汽车制造商发现缺陷后，首先向主管部门报告，并由制造商采取有效措施消除缺陷，实施召回。汽车“三包”的主要解决方式是：汽车经营者按照国家有关规定对有问题的汽车承担修理、更换、退货的产品担保责任。

任务实施

1. 分组上网查询相关法律、法规等，完成以下案例分析。

（1）1999 年 5 月，某单位一辆桑塔纳轿车在某保险公司投保机动车辆保险。同年 6 月，轿车在一家饭馆前面被盗。但因盗车人驾车技术不熟练，在饭馆拐弯处与一辆富康轿车相撞，致使双方车辆严重受损，并造成对方车上一名乘客重伤。后经交管部门裁定，盗车人应负全部责任，但因盗车人暂无经济赔偿能力，交管部门让该车车主垫付。被保险人垫付后，即向保险公司提出索赔。那么，保险公司应如何赔付呢？

(2) 2011 年，陈先生购买一辆别克英朗轿车。同年 8 月 9 日，轿车行驶 8 000 km 后，他发现轿车的一只轮胎出现裂痕。他便到 4S 店要求更换轮胎，对方以无法判定是人为损坏还是轮胎本身质量问题为由，要求陈先生出示质检部门对轮胎质量的认定书，才给予退换。但轮胎质量检测费用很高，至今陈先生仍驾驶这辆轮胎有裂痕的轿车在路上行驶。这种情况，应该如何索赔?

2. 根据表 3—1—6 所列车辆的车况，选择适当的保险。

表 3—1—6　　不同车况车辆的保险选择

车况	保险选择
刚刚从 4S 店购得的新车，新手上路	
车辆已经购买 3 年以上；因车主所在小区管理不善所以经常出现人为损坏车辆的情况	
车辆已经购买 8 年以上；车主居住地区属于洪涝区，经常积水	

3. 分组进行模拟训练，各组选取两名代表分别扮演业务接待人员、保险专员，教师扮演车主，完成本任务描述的要求。各组和教师完成任务实施评价表（表 3—1—7)。

表 3—1—7　　任务实施评价表

环节	阶段	评价项目	评价标准	操作评价（是/否）
保险理赔	接待理赔报案	是否礼貌热情的接待客户	未使用文明用语并主动向客户问好，“选否”	
		是否能够认真听取客户的意见	需保持良好的仪态、并做适当的记录	
		是否运用恰当的语言技巧安抚客户不满的情绪	灵活使用语言技巧缓和气氛	
	定损与赔偿	在保险理赔方面是否引荐保险专员	引荐保险专员，选“是”	
		在理赔交涉中，保险专员是否能够运行相关法律法规处理问题	需使用法律条文进行解释、说明	
		是否与客户进行必要的协商	不能一味听从客户，也不能对客户的意见置之不理	
		处理结果是否与客户达成共识，让客户满意	客户不满意，选“否”	
	恭送	是否目送客户离开	客户上车、起动汽车时接车员须目送	

活动 2　车辆识别和汽车配件管理

学习目标

1. 了解车辆识别代号的含义，熟悉车辆识别代号作用。
2. 了解配件库存与仓储管理及采购方法。
3. 掌握 4S 店配件管理的相关业务规定。
4. 能够识别汽车配件的标识和编号。

任务描述

某汽车 4S 店业务接待人员小王对到店进行维护保养的车辆信息进行登记和整理，要求准确记录车辆识别代码，同时根据车辆预约的维修或保养项目写下需要的配件等，并与库房沟通获取配件信息，以保证后续维修、保养工作的顺利进行。

获取信息

一、车辆识别

1. 车辆识别代码

车辆识别代码（Vehicle Identification Number，缩写 VIN）是表明车辆身份的代号，是制造厂为了识别而给一辆车指定的一组字码，具有在世界范围内对一辆车的唯一识别性，并保证三十年内不重复出现。因此，有人将 VIN 称为“汽车身份证”。车辆识别代号中含有车辆的制造厂家、生产年代、车型、车身形式、发动机及其他装备的信息。

2. 车辆识别代码的组成

VIN 由 17 位数字和字母组合而成，因此又被称为“汽车 17 位编码”，由三大部分组成，见图 3—2—1。

□□□	□□□□□□	□□□□○○○○
WMI	VDS	VIS

图 3—2—1　VIN 的组成

注：□□□□代表字母或数字；○代表数字。

(1) 世界制造厂识别代码（WMI）

世界制造厂识别代码（WMI）是 VIN 的前三位码，由制造厂以外的组织国际标准化组织（ISO）的国际代理机构预先指定，用来代表生产国、厂家、车辆类型。

第 1 位：表示地理区域，如非洲、亚洲、欧洲、大洋洲、北美洲和南美洲。

第 2 位：表示一个特定地区内的一个国家。美国汽车工程学会（SAE）负责分配国家代码。例如，日本为 JA～JZ 及 J0～J9；美国为 1A～1Z 及 10～19，4A～4Z 及 40～49，5A～5Z 及 50～59；中国为 LA～LZ 及 L0～L9。

第 3 位：表示某个特定的制造厂，由各国的授权机构负责分配。如果某制造厂的年产量少于 500 辆，其识别代码的第三个字码就是 9。

表 3—2—1 列出了一些常见的 WMI 及其对应的汽车生产厂家名称。

表 3—2—1　　常见的 WMI 及其对应的汽车生产厂家名称

WMI	生产厂家名称	WMI	生产厂家名称	WMI	生产厂家名称
LFV	中国一汽大众	LFW	中国第一汽车集团公司	LSV	上海大众
LDC	神龙富康	LSG	上海通用	KWH	韩国现代
WDB	德国奔驰	WBA	德国宝马		

（2）车辆说明部分（VDS）

车辆说明部分（VDS）是 VIN 的第四位到第九位。它由 6 位字码组成，用以说明和反映车辆的一般特征，如品牌、种类、系列、车身类型、底盘类型、发动机类型、约束系统、制动系统和额定质量等。如果制造厂所用代码不足 6 位，应在剩余部分位置填入制造厂选定的字母或数字，以表示车辆的一般特征，其代码及顺序由制造厂决定。

其中，VIN 第九位是校验位，通过对 VIN 中的其他位进行一系列计算后即可获得正确的校验数字。它是其他 16 位字码对应数值与其所占位置权数的乘积数之和再除以 11 所得的余数。当余数为 0～9 时，余数就是校验数字；当余数是 10 时，以字母“X”作为校验数字。

借助校验位，计算机可以立即判断 VIN 中是否存在错误。这种错误在人们抄写 VIN 或者将其输入计算机时会经常出现。

（3）车辆指示部分（VIS）

车辆指示部分（VIS）是 VIN 的第十位到第十七位，即最后一部分。它由 8 个字码组成。

一般情况下，VIN 的第十位（即 VIS 的第一位）指示车辆生产年份，见表 3—2—2。每年都有一个代码字符，又称为车型年份，即厂家规定的型年（Model Year），不一定是实际生产的年份，但一般与实际生产的年份之差不超过 1 年。

表 3—2—2　　车型生产年份及其代码表

年份	代码	年份	代码	年份	代码	年份	代码
2001	1	2005	5	2009	9	2013	D
2002	2	2006	6	2010	A	2014	E
2003	3	2007	7	2011	B	2015	F
2004	4	2008	8	2012	C	2016	G

续表

年份	代码	年份	代码	年份	代码	年份	代码
2017	H	2023	P	2029	X	2035	5
2018	J	2024	R	2030	Y	2036	6
2019	K	2025	S	2031	1	2037	7
2020	L	2026	T	2032	2	2038	8
2021	M	2027	V	2033	3	2039	9
2022	N	2028	W	2034	4	2040	A

VIN 第十一位指示装配厂，即车辆的组装工厂。VIN 第十二位至第十七位指示生产顺序号，类似于序号。一般情况下，汽车召回都是针对某一顺序号范围内（即某一批次）的车辆。不过，有些年产量少于 500 辆车的小型制造商使用第十二位至第十四位与第一部分的 3 位字码一起来表示一个汽车制造厂，作为附加制造商标识代码。

【例】某上海大众桑塔纳 2000 型轿车的 VIN 为 LSVHJ133022221761，下面简单说明其含义。

该 VIN 的含义：上海大众汽车有限公司 2002 年生产的桑塔纳 2000 型轿车，该车配备 AYJ 发动机，FNV（01N. A）自动变速器，出厂编号为 221761。

3. 车辆识别代码的作用

车辆识别代码（VIN）不仅是标志车辆的方法，还具有以下多种用途。

（1）车辆管理：登记注册、信息化管理。

（2）车辆检测：年检和排放检测。

（3）车辆防盗：识别车辆和零部件。

（4）车辆维修：诊断、计算机匹配、配件订购、客户关系管理。

（5）二手车交易：查询车辆历史信息。

（6）汽车召回：年代、车型、批次和数量查询。

（7）车辆保险：保险登记、理赔、浮动费率的信息查询。

二、汽车配件的分类与编号

1. 汽车配件的分类

（1）按配件的实用性分类

根据我国汽车配件市场供应的实用性原则，汽车配件分为易耗件、标准件、车身覆盖件和保安件四类。

1）易耗件是指车辆维修中易损坏且消耗量大的零部件，如密封件、过滤器、摩擦片、轴承、电气元件等。

2）标准件是指按国家标准设计与制造的、具有通用互换性的零部件，如重要总成部件间的紧固螺栓及螺母。

3）车身覆盖件是指为使得乘客及部分重要总成不受外界环境的干扰且具有一定的空气动力学特性的、构成汽车表面的板件，如发动机罩盖、翼子板、车顶板、门板等。

4）保安件是指汽车上不容易损坏的零部件，如曲轴、汽油箱、离合器压盘、变速器壳体、转向摇臂和转向节臂。

（2）按配件的标准化分类

汽车零部件总共分为发动机零部件、底盘零部件、车身及饰品零部件、电气电子产品和通用件共五大类。根据汽车的术语和定义，零部件分为五种：总成、分总成、子总成、单元体、零件。

（3）按照配件的功能分类

按照功能的不同，汽车配件可分为如下种类：发动机配件、传动系统配件、制动系统配件、转向系统配件、行驶系统配件、电气和仪表系统配件、汽车灯具、汽车改装、安全防盗、汽车内饰、汽车外饰、综合配件、影音电器、化工护理、车身及附件、维修设备。

（4）按配件的生产来源分类

按照配件生产来源的不同，汽车配件可以分为三类：原厂件、副厂件和自制件。

1）原厂件。这指的是与整车制造厂家配套的装配件。例如，纯牌零件指的是通过汽车制造厂严格质量检验的零件。它的性能和质量完全能够满足车辆的要求。

2）副厂件。这是指由专业配件厂家生产的，虽然没有与整车制造厂配套安装在新车上，却是严格按照制造厂标准生产的，达到制造厂技术标准要求的配件。

3）自制件。这是指配件厂家依据自己对汽车标准的理解，自行生产的，外观和使用效果与合格配件相似，但是其技术指标却是由配件制造厂自行保证，与整车制造厂无关的配件。自制件是否合格主要取决于配件厂家的生产技术水平和质量保障措施。

需要说明的是，不论是副厂件还是自制件都必须达到指定质量标准。这里所说的原厂件、副厂件和自制件都是合格的配件。而那些不符合质量标准的所谓“副厂”配件则不属于上述范畴。

2. 汽车配件的编号

（1）国产汽车配件的编号规则

我国的汽车零部件编号根据国家标准《汽车零部件的统一编码与标识》（GB/T 32007—2015）统一编制。汽车零部件统一编码应遵循唯一性、稳定性、可扩展性、可追溯性、可兼容性的原则，适用于汽车生产、流通、维修、消费等环节。

（2）汽车零部件统一编码的数据结构

1）统一编码数据结构的组成。由基本数据结构和扩展数据结构组成。基本数据结构给出了唯一标识到零部件的单品或整批标识到批次的编码数据结构与标识方法，企业可根据生产的实际情况对零部件产品进行单品编码或批次编码。扩展数据包括常用扩展数据和其他扩展数据。常用扩展数据结构根据实际应用需要对汽车零部件产品内部零部件号、零部件在客户方的代码（OE 码）、生产日期等产品属性信息进行编码。

2）统一编码的基本数据。由全球贸易项目代码（GTIN）和零部件批号或零部件序列号组成，具体见表 3—2—3。其中，应用标识符 01 为必选，应用标识符 10 和 21 至少选择一项。

表 3—2—3　　基本数据组成

应用标识符	数据格式	数据名称
01	n14	全球贸易项目代码（GTIN）
10	an..20	零部件批号
21	an..20	零部件序列号

n：数字字符。

an：字母、数字字符。

n14：定长，表示 14 个数字字符。

an..20：不定长，表示最多 20 个字母、数字字符。

①如果汽车零部件是通过批次进行整批标识和管理的，则应组合应用标识符 01 的字符串和应用标识符 10 的字符串，进行统一编码。应用标识符 01 由厂商识别代码、商品项目代码、校验码组成。图 3—2—2 所示为通过批次进行整批标识和管理的汽车零部件统一编码实例。(01）06929999900013 是 AI（01）全球贸易项目代码（GTIN），即该厂生产的牌号为 I、发动机型为 C190、原厂 OE 代码为 9－11261－224－1、缸数为 4、缸径为 86.0、总长为 163 的气缸套的全球贸易项目代码；(10）W07201501 是 AI（10）零部件批号，为该气缸套的生产批号。

图 3—2—2　统一编码实例（一）

②如果汽车零部件是通过序列号进行单个标识和管理的，则应组合应用标识符 01 的字符串和应用标识符 21 的字符串，进行统一编码。图 3—2—3 所示为通过序列号对单个产品进行标识和管理的统一编码实例。(01）06929999900228 是 AI（01）全球贸易项目代码（GTIN），即该厂生产的牌号为 C、发动机型为 3116、原厂 OE 代码为 7W 2141 的轴瓦的全球贸易项目代码；(21）2015010001 是 AI（21）零部件序列号，为该轴瓦的生产序列号。

图 3—2—3　统一编码实例（二）

③汽车零部件产品中，个别既标识零部件批号又标识序列号的，可以组合应用标识符01、10、21的字符串，进行统一编码；也可以把产品批号和序列号整合成为一个即含有批号又包括产品序列号的单个产品唯一序列的标识和管理形式。图3—2—4所示为通过生产批号或序列号对批次或单个产品进行标识和管理的统一编码实例。(01) 06929999900228是AI (01) 全球贸易项目代码 (GTIN)，即该厂生产的牌号为C、发动机型为3116、原厂OE代码为7W 2141的轴瓦的全球贸易项目代码；(10) 7W2141－W07201501是AI (10) 零部件批号，为该轴瓦的生产批号，批号编码中包含了OE码信息和实际生产批次信息。

图3—2—4 统一编码实例（三）

统一编码中的批号或序列号数据应与产品明文标识的批号或序列号一一对应，严格一致。

3）统一编码的扩展数据。常用扩展数据为可选项，不可单独使用，需要与基本数据结合使用。扩展数据组成见表3—2—4。

表3—2—4　扩展数据组成

应用标识符	数据格式	数据名称
92	an..20	供应商在客户方的厂商代码
240	an..20	零部件号
241	an..20	零部件在客户方的代码
400	an..20	客户购货订单代码
11	n6	生产日期（年、月、日）

n：数字字符。

an：字母、数字字符。

n6：定长，表示6个数字字符。

an..20：不定长，表示最多20个字母、数字字符。

常用扩展数据需要企业根据自身生产经营的管理需要和市场销售流通及售后维护的应用需要，按照国家标准《商品条码　应用标识符》(GB/T 16986－2009) 选择合适的应用标识符AI及其对应的数据编码。结合汽车行业的应用特点，该国标规定了应用标识符AI (92)、AI (240)、AI (241)、AI (400)、AI (11) 五项作为常用扩展数据。常用扩展数据所表示的编码信息仅作为基本数据的补充，不能脱离基本数据单独使用。例如，汽车总装企业或整车企业要求在汽车零部件统一编码加入OE代码，可选择应用标识符AI (241) (零部件在客户方的代码)；在汽车零部件统一编码要求加入生产日期，可选择应用标识符AI (11) (生产日期)。通过应用标识符AI (241) 还可以对上游采购方或总装企业生产管理OE码进行单独编码。

【例】图3—2—5所示为统一编码常用扩展数据编码实例。

图 3—2—5　统一编码常用扩展数据编码实例

该应用标识符 AI 的含义及 128 条码如下：

(01) 06929999900228 是 AI (01) 全球贸易项目代码 (GTIN)，即该厂生产的牌号为 C、发动机型为 3116、原厂 OE 代码为 7W 2141 的轴瓦的全球贸易项目代码；(10) W07201501 是 AI (10) 零部件批号，为该轴瓦的生产批号；(241) 7W2141 是 AI (241) 零部件在客户方的代码，为上游采购方或总装企业为该轴瓦分配的 OE 码。

三、汽车配件的管理

1. 配件的采购管理

(1) 采购需求的确定

汽车配件采购是由需求产生的，一般认为采购是对内部需求做出的反应，从而获取商品或服务。在需求产生后就要对需求进行评估，只有准确地评估订单需求，才能为计算订单容量提供参考依据，以便制订出合适的订单计划。当需求被确认，需求计划就会产生，这时就要制定采购计划表（表 3—2—5）。

表 3—2—5　　采购计划表

编号：　　　　自购□　甲供□　　序号：

序号	物资名称	规格型号	单位	数量	拟交付时间	技术质量要求

技术负责人：　　　　年　月　日　　　部门经理：　　　　年　月　日

(2) 采购需求的确认

采购需求的确认是采购的第二个步骤，即由有关负责人对需求进行核准，一般包括产品的规格、数量和产品需求的时间、地点等。

(3) 采购准备

采购准备是整个采购活动的起点，是在与供应商接触之前必须做好的工作。准备工作主要包括五个步骤：熟悉需要采购的物料，测算价格，研究需求标准，了解需求量，制订采购计划表。

(4) 供应商的评价和选择

供应商的选择会直接影响采购物料的质量，从而影响企业产品的质量和声誉，因此一般分为初选、确定供应商两个阶段。确定某次采购的供应商一般包括六个环节：查询采购环境，计算供应容量，与供应商沟通，确定意向供应商，谈判，确定物料供应商。在选择好供应商后，要填写订购单（表 3—2—6）。

表 3—2—6 **订购单**

日期________ 订单编号________

<table>
<tr><td>厂商名称</td><td colspan="4"></td><td>厂商编号</td><td colspan="2"></td></tr>
<tr><td>厂商地址</td><td colspan="4"></td><td>电话/传真</td><td colspan="2"></td></tr>
<tr><td>序号</td><td>料号</td><td>品名、规格</td><td>单位</td><td>数量</td><td>单价</td><td>金额</td><td>交货日期及数量</td></tr>
<tr><td></td><td></td><td></td><td></td><td></td><td></td><td></td><td></td></tr>
<tr><td></td><td></td><td></td><td></td><td></td><td></td><td></td><td></td></tr>
<tr><td></td><td></td><td></td><td></td><td></td><td></td><td></td><td></td></tr>
<tr><td>合计</td><td colspan="3"></td><td colspan="4">仟 佰 拾 万 仟 佰 拾 元 角 分</td></tr>
<tr><td>交货方式</td><td colspan="4"></td><td>交货地点</td><td colspan="2"></td></tr>
</table>

（5）签订采购合同

采购合同是采供双方在进行正式交易前为保证双方的利益，对采供双方均有法律效力的正式协议，有的企业也称之为采购协议。

（6）收货、验货入库

当供应商交货时，采购方需要进行物料检验和接收工作，主要包括以下环节：

1）物料检验环节。协商检验事宜，进行物料检验，处理检验问题。

2）物料接收环节。与供应商协调送货事宜，与储存部门协调送货事宜，通知供应商送货，处理接收问题。

2. 配件的库房管理

配件的库房管理控制配件从入库至出库为止的全部过程。在此期间，必须严格执行配件的验收、保管、发放、盘点和旧件回收等制度。

（1）验收入库

入库前库房保管员要整理库房，为新到配件提供摆放空间。货物到达后，库管员协同计划员、调度员、采购员清点数量，检查质量，完成配件的验收。

（2）配件的保管

为了保证配件库存准确并节约仓位且便于操作，配件的保管应做到科学、合理、安全。

1）分区分类。根据汽车车型，合理规划配件的摆放区域。

2）五五摆放。根据配件的性质、形状，以五为计量基数，做到“五五成行，五五成方，五五成串，五五成包，五五成层”，使其摆放整齐，便于过目成数、盘点与发放。

3）四号定位。按库号、架号、层号、位号对配件编制统一的架位号，并与配件的编号一一对应，从而保证查账迅速和发货的及时、准确。

4）建签立卡。对已定位和编制架位号的配件建立架位签和卡片账。架位签标明到货日期、进货厂家、进出数量、结存数量以及标志记录。

5）当天登记。当天所有出、入库的配件应当天进行货卡登记，结算出库存量，从而保证“账实相符”。

6）库存配件要采取正确的维护、保养措施，做好防锈、防水、防尘等工作，防止和减少自然损耗。有包装的配件尽量不要拆除包装。

7）因质量问题退、换回的配件，要另建账进行单独管理，从而保证库存配件的完好。

（3）配件的发放

配件的发放必须严格执行出库手续。库管员根据配件出库申请单提取配件。配件出库时，调度员应协助库管员和领料人一同清点货物，并负责将货物进行适当包装，然后交于领料人；根据调整后的配件实际出库情况，补充打印出库申请单。出库后，库管员根据出库单认真填写卡片账，做到“账实相符”。

（4）盘点

库存配件的流动性很大，为及时掌握库存的变化情况，避免短缺、丢失和超储积压，保持“账、卡、物相符”，必须进行定期、不定期的盘点工作。

库管员应随时对有出、入库记录的配件进行复查。每月对配件库存进行一次盘点；每季度进行一次有财务部门参与的全面清点。盘点时，应合理安排配件的出、入库，以确保盘点的准确性，避免发生“重盘、漏盘、错盘”等现象。配件盘点过程中，不准以任何理由虚报、瞒报或私自更改账目。盘点结束后，由盘点人员填写盘点报表，对盘盈、盘亏的配件均要查明原因，分清责任，做出必要的处理。季度盘点后，进行配件的报损工作。

（5）旧件回收及管理

为加强旧件的统一管理，杜绝以旧充新现象，必须严格执行旧件回收制度。

“三包”、修理领用配件时，配件销售人员必须在领用人交回相应旧件后才可发放新件。其中，“三包”旧件交给索赔员，“三包”外旧件交给配件销售员。所有收回的旧件要设专人妥善保管，不得随地堆放。“三包”旧件要建账管理。客户索要旧件时，旧件管理人员要将其擦净、整理后交还客户。公司要定期处理其他旧件。

3. 配件的出库流程

配件的出库流程如下：

（1）调度员定期催收备料单。

（2）调度员依据备料单（日常、急件）查询库存。

（3）调度员根据库存情况进行调配。

（4）调度员根据结算方式开具四联（或五联）出库单。

1）采用现金结算时，开具四联出库单。一联交库管员提货，并留存下账；一联交给提货人；一联由调度员留存，进行账目处理；一联交收款员，收款后连同款项转财务。

2）采用挂账方式时，开具一式五联出库单。一联交库管员提货，并留存下账；一联交提货人；一联由调度员留存，进行账目处理；一联交财务做账务处理；一联用于结账。

(5) 调度员整理缺料单，递交计划员。

(6) 在发往外地的货物发出后，配送员要通知收货人，并将运单事后转交收货人。

任务实施

1. 分组练习，将凌乱的汽车配件登记表（表 3—2—7）进行分类编号，填入汽车配件单（表 3—2—8），并且完成上述配件的入库、存放工作。

表 3—2—7　　　汽车配件登记表

配件	规格型号	厂家品牌	单位	数量
汽车蓄电池	65D26L/6－QW－70L S4	BOSCH/博世	块	15
汽车蓄电池	57069	BOSCH/博世	块	20
汽车蓄电池	95D31L	BOSCH/博世	块	15
生料带		扬中永工密封件	块	10
机油	卡罗拉 5W－30	丰田专用	升	20
机油滤清器		丰田专用	个	30
空气滤清器		丰田专用	个	30
风挡玻璃喷洗剂		丰田专用	升	30
机油	快驰 7000 SM 10W－40	道达尔	桶	20
机油	快驰 9000 SM 5W－40	道达尔	桶	20
机油	极护 EDGE0W－40	嘉实多	桶	30
机油	极护 EDGE5W－30	嘉实多	桶	25
汽车前照灯	H7	飞利浦	个	10
汽车前照灯	H4	飞利浦	个	10

表 3—2—8　　　汽车配件单

序号	配件	规格型号	厂家品牌	单位	数量

续表

序号	配件	规格型号	厂家品牌	单位	数量

2. 分组查阅网络资料，找出辨别汽车配件真伪的方法。各小组到汽车配件仓库中对常用配件进行质量鉴别。最后，各组总结汽车配件质量的常用鉴定方法。

3. 学生完成任务实施，各组与教师一同完成任务实施评价表（表 3—2—9）。

表 3—2—9　　任务实施评价表

环节	阶段	评价项目	评价标准	操作评价（是/否）
配件管理	编码	是否能够识读常用配件编码	正确识读配件编码	
	采购管理	是否能够正确完成配件采购	合理制定采购计划，正确填写配件的订购单	
	配件库房管理	是否正确完成配件的入库	未清点数量或验收配件质量，选“否”	
		是否正确保管配件	未分区、分类地正确码放、登记配件，选“否”	
		是否正确发放配件	未按照正确的配件出库程序发现，选“否”	
		是否正确进行配件库房盘点	“账、物、卡”不相符，选“否”	
		是否正确回收旧件	未按照规定回收旧件，选“否”	
	配件发货管理	配件是否正确发货	未按照正确流程发货，选“否” 未正确开列出库单，选“否”	

活动3　汽车售后服务管理软件使用

学习目标

1. 掌握汽车售后服务软件及其使用方法。
2. 能够使用汽车售后服务软件完成业务接待流程。

任务描述

某品牌汽车4S店为了提高管理水平和工作效率，安装了汽车售后服务软件。要求业务接待人员使用该售后服务软件完成客户汽车维护保养业务管理的全过程。

获取信息

一、汽车售后服务管理软件的系统和功能

常用汽车售后服务管理软件主要包含6个系统：整车销售管理系统、维修服务管理系统、配件销售管理系统、财务管理系统、员工管理系统、数据库管理系统。汽车售后服务管理软件的功能主要包括：

1. 业务单据处理

其具体包含预约电话登记、预约受理、救援业务受理、保险理赔受理、客户咨询受理、客户建议受理、客户反馈处理。

2. 基本资料设定

其具体包含受理部门、咨询类别名称、车型定义、客户基本信息、咨询类别项目、反馈意见类别名称、反馈意见类别项目。

3. 业务单据查询

其具体包含预约电话登记查询、预约受理单查询、救援业务受理查询、保险理赔受理查询、客户咨询受理查询、客户建议受理查询、客户反馈处理查询、客户档案、生日提醒。

大多数售后服务管理软件可以根据汽车维修企业的特殊要求进行二次开发，并随着企业维修业务的拓展，软件功能可以随之扩展。

二、汽车售后服务管理软件的作用

1. 它建立起以服务站为纽带的产品信息反馈系统，有效地跟踪客户信息、维修信息、质量信息、费用信息、配件信息，并通过软件系统快速、准确地实现数据收集、整理、审

核、统计、分析，保证了管理与决策数据的及时、可靠，为生产厂家与服务商、客户、经销商、供应商间的多重沟通建立了通畅的渠道，实现了合作共赢。

2. 它利用计算机信息技术优化了管理与操作流程，规范了基本数据，实现了数据集成，简化了大量手工操作，降低了劳动强度，提高了作业效率，从而增强了企业的系统反应能力和市场应变能力。它协助企业不断强化管理创造效益，提升企业核心竞争力。

3. 它有效地整合了信息流与物流、数据流、工作流、资金流、客户流、价值流，对经销商信息、客户档案、强保卡、三包维修、故障原因、故障处理措施、更换零部件信息、维修工时、旧件清退入库、配件供应等信息进行收集、处理，并且可以对车型、产品线、单车、某种配件、某供应商厂家等选项进行组合查询、统计、分析，形成形象、直观的分析图，为细化管理、科学决策提供实时的依据。

三、典型售后服务软件操作方法

这里主要以“Minjie 汽车营销实训系统”软件为例介绍具体操作步骤。按照汽车服务系统的业务流程，该软件可分为 5 个功能模块，如图 3—3—1 所示。功能模块包括：预约管理、前台接待、车间管理、结算、出厂。

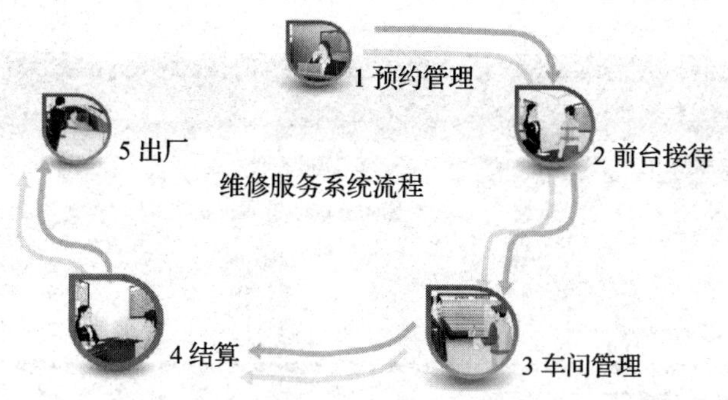

图 3—3—1　售后服务软件的功能模块

1. 预约管理

(1) 功能介绍

为了节省客户宝贵的时间，汽修企业一般会采用预约维修的管理办法。通过客户的电话预约，4S 店可以提前进行准备，然后等待客户的到来。这样，既减少了客户的等待时间，又大大地提高了维修的效率。

(2) 操作流程

1) 点击［维修服务系统］—［预约管理］，进入该模块。

2) 在［维修客户信息］对话框中输入客户基本信息，主要包括“车主姓名”“车牌号码”“移动电话”“(SA) 接待”“预约方式”“预约时间”“顾客描述”等，如图 3—3—2 所示。如果老客户预约，输入车牌照后系统会自动显示该客户的基本信息。如果新客户预约，需要填写客户基本信息，系统会自动保存这些信息，以方便客户下次维修。

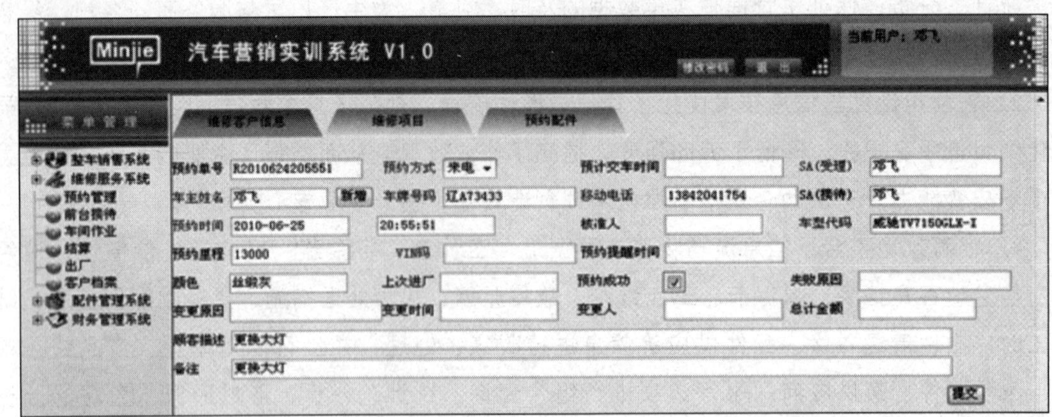

图 3—3—2 ［预约管理］模块－［维修客户信息］对话框

3）正确核对客户基本信息和车辆相关信息，如有其他需要说明的问题可在“备注”中写明。

4）如果上述信息填写无误，点击【提交】按钮，即可进入“维修项目”对话框。

5）在［维修项目］对话框中，选择要维修的项目，然后点击【提交】按钮，进入［预约配件］对话框进行配件的选择，如图 3—3—3 所示。

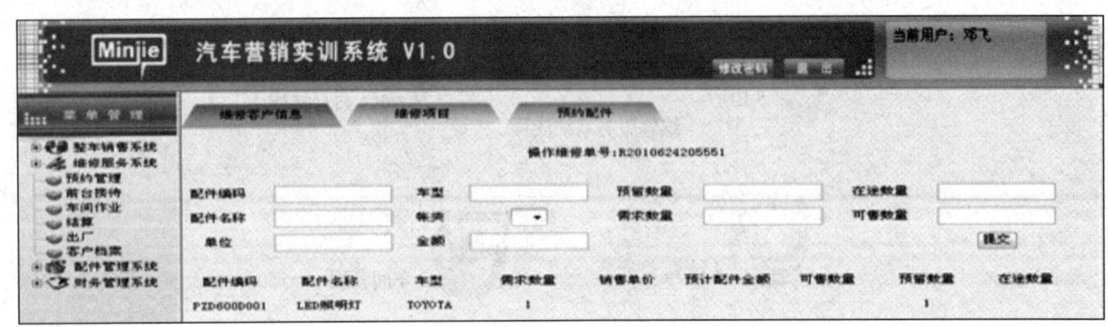

图 3—3—3 ［预约管理］模块－［预约配件］对话框

2. 前台接待

（1）功能介绍

当客户直接开车到店进行维修、保养时，业务接待人员在前台进行接待，记录客户车辆的信息。

（2）操作流程

1）点击［维修服务系统］－［前台接待］，进入该模块。

2）在［前台接待］对话框中输入客户基本信息，如图 3—3—4 所示。如果预约客户是老客户，输入车牌照以后，系统会自动显示该客户的基本信息。如果预约客户是新客户，需要填写客户的基本信息，主要包括“车主姓名”“进厂时间”“服务顾问”“移动电话”“牌照号码”“车型”“颜色”等。另外，还需要录入“业务类别”“进厂里程”“环检记录”“顾客陈述”等环车检查单上的主要信息。系统会自动保存这些信息，以方便客户下次维修时调用。

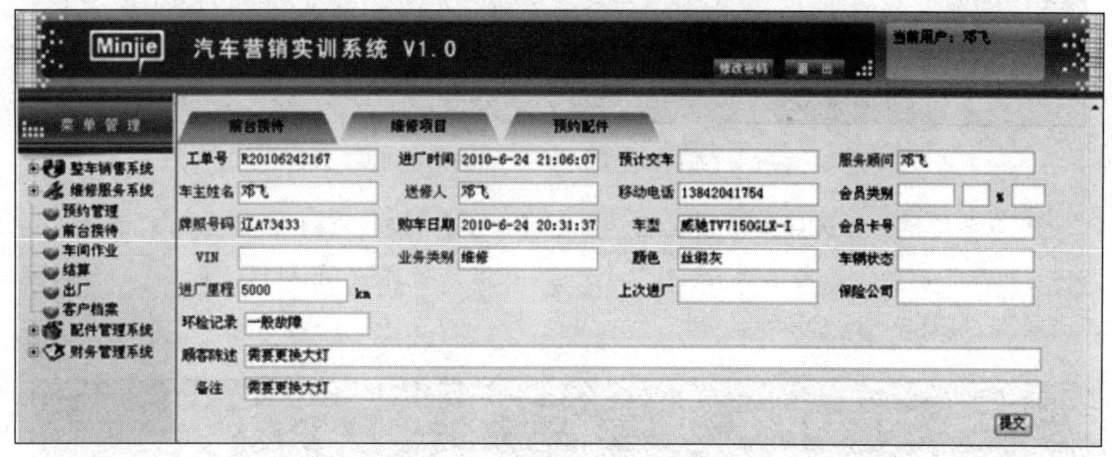

图 3—3—4　［前台接待］模块－［前台接待］对话框

3）正确核对客户基本信息和车辆相关信息，如果有其他需要说明的问题可在“备注”中写明。

4）如果上述信息填写无误，点击【提交】按钮，即可进入［维修项目］对话框。在［维修项目］对话框中选择要维修的项目，如图 3—3—5 所示。

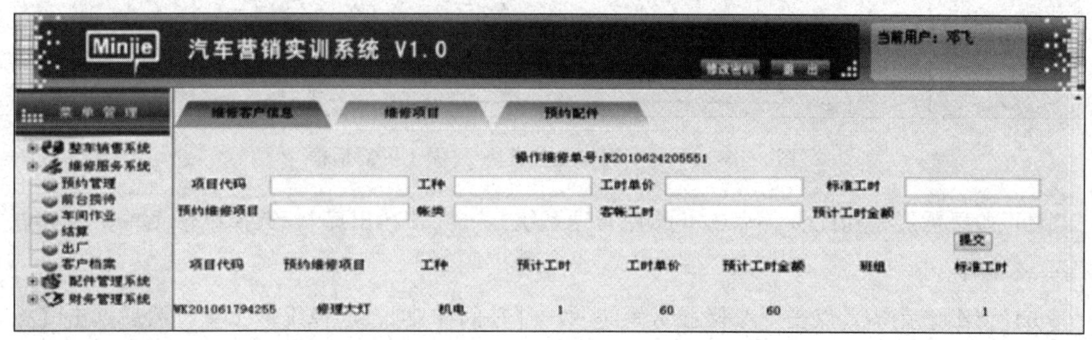

图 3—3—5　［前台接待］模块－［维修项目］对话框

3. 车间作业

（1）功能介绍

业务接待人通过［前台接待］模块记录客户信息后，应安排送修车辆进入车间进行修理。业务接待人员通过软件系统进行派工，维修技术人员通过计算机系统的派工，接受维修任务。

（2）操作流程

1）点击［维修服务系统］－［车间作业］，进入该模块。

2）系统在［车间作业列表］对话框中自动显示所有待修车辆信息记录，如图 3—3—6 所示。

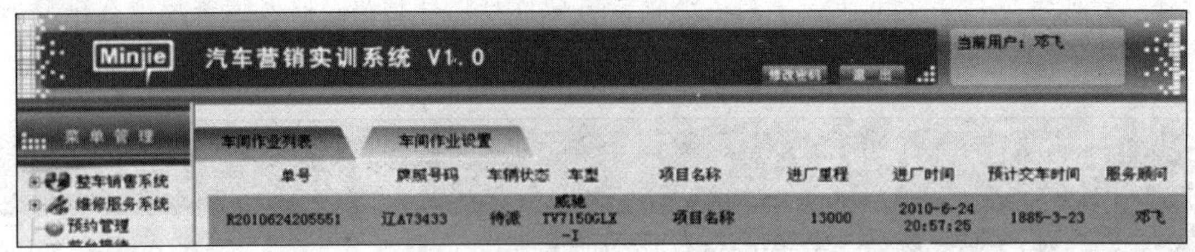

图 3—3—6 ［车间作业］模块—［车间作业列表］对话框

3）业务接待人员选择维修项目后，点击【提交】按钮，弹出［派工］对话框，在其中进行派工。派工内容包括“班组”“工位”“维修技师”“预计开工时间”“预计完工时间”，如图 3—3—7 所示。

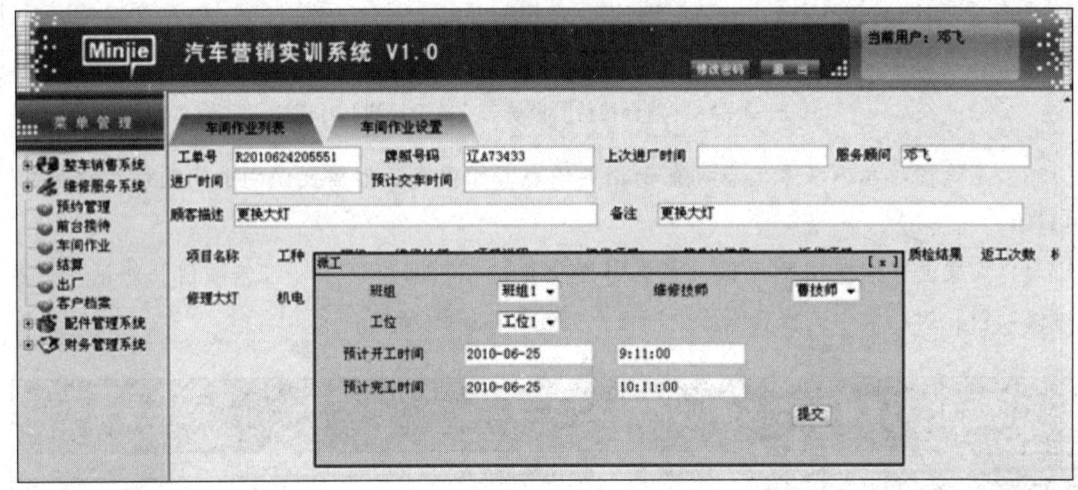

图 3—3—7 ［车间作业］模块—［派工］对话框

4）如果需要使用配件，点击［配件管理系统］—［领料出库］，选择维修工单，即可进行系统领料。

5）待维修完毕，点击［维修服务系统］—［车间作业］，选择维修工单，然后点击【检验合格】按钮，弹出“竣工”提示对话框，如图 3—3—8 所示。此时，点击【确认】按钮，车辆状态变为“竣工”。业务接待人员可以通过系统查询及时得知在修车辆的竣工情况，以便通知客户提取车辆。

4. 结算

（1）功能介绍

车辆维修之后，业务接待进行车辆维修结算，打印维修结算单。

（2）操作流程

1）点击［维修服务系统］—［结算］，进入该模块。系统自动显示所有竣工车辆信息记录。业务接待人员可以选择要结算的车辆。

图 3—3—8　［车间作业］模块显示“竣工”提示对话框

2）在确认客户基本信息和维修项目准确无误的情况下，业务接待人员点击【结算打印】按钮，打印出维修结算单，点击【结算】按钮，完成车辆结算流程，如图 3—3—9 所示。

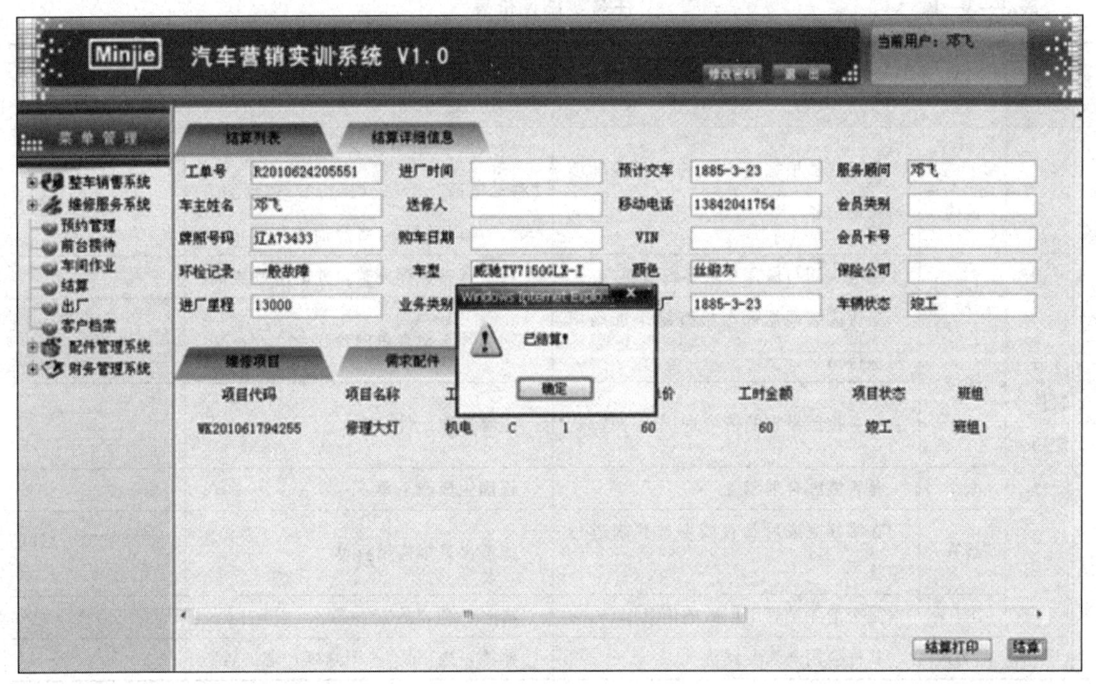

图 3—3—9　［结算］模块显示“已结算”提示对话框

5. 出厂

（1）功能介绍

车辆完成结算之后，业务接待人员陪同客户携带维修结算单到收银台结账；然后，业务接待人员为客户及其车辆办理出厂手续。

(2) 操作流程

1) 点击 [财务管理系统] — [维修服务收银]，进入该模块。系统自动显示所有结算车辆信息记录。业务接待提供需要结账的客户信息。

2) 财务人员确认信息无误后，点击【维修收银】按钮，进行维修收银操作。

3) 客户结账完毕，业务接待人员进入 [维修服务系统] — [出厂]。点击【出厂】按钮，完成车辆出厂操作。清除车辆出厂信息，并将其维修信息与客户基本信息保留在系统中，以便该车辆下次进厂维修时查阅。

任务实施

1. 分组操作软件进行练习。使用汽车售后服务软件完成客户的丰田卡罗拉轿车 5 000 km 保养项目 (包括更换机油、机滤、空滤作业项目)，在系统中模拟录入信息，规定工时 30 min。

2. 根据每组使用软件的操作情况，各组及教师完成任务实施评价表 (表 3—3—1)。

表 3—3—1　　任务实施评价表

环节	阶段	评价项目	评价标准	操作评价 (是/否)
售后软件使用	预约	是否能够根据客户预约情况准确填写预约信息	须填写“车主姓名”“车牌号码”“移动电话”“SA (接待)”“预约方式”“预约时间”“客户描述”	
		准确查阅与保存系统客户资料	客户资料保存完整，并能准确查询	
	接待	是否能够根据环车检查结果准确填写接待信息	须与环车检查单内容吻合	
		是否按照设定的情境进行配件选取	正确选取配件	
	派工	是否能够合理派工	正确生成派工单	
	结算	在维修完成后是否能够按要求进行结算	能够出具维修结算单	
	出厂	是否清除结算出厂后的信息	清除，选“是”	
	熟练度	软件使用熟练度评价	熟练，选“是”；不熟练，选“否”	

附录　机动车维修合同

合同编号：×××××

甲方（承修方）：　　　　　　　　　　乙方（托修方）：

甲方营业执照号（组织机构代码或个人身份证号）：

甲方联系方式：　　　　　　　　　　　乙方联系方式：

合同签订地点：

甲、乙双方本着自愿、等价、有偿的原则，根据《中华人民共和国合同法》《××省机动车维修管理条例》《机动车维修管理规定》（交通部2016年第37号令）等有关内容，经诚信协商，签订以下机动车维修合同。

一、有关维修的约定

1. 托修车辆基本信息

车牌号码		号牌颜色		品牌型号	
车架号（VIN）				发动机号码	
行驶里程（公里）		注册登记日期		车身颜色	

2. 托修车辆维修项目：____。

3. 配件提供方式。车辆维修需要更换配件，由________提供。备件选用__________（原厂配件、副厂配件、旧配件、修复配件）。如果甲乙双方混合提供或混合选用，附清单说明。

4. 甲乙双方约定维修工时费收费标准按下列第____种方法计算。

（1）工时单价为________元/工时。

（2）维修工时费为________元。

（3）混合采用上述两种计算方法（附具体维修项目和对应收费标准）。

预计维修费总金额为人民币（大写）____________________元，乙方预付金额为人民币（大写）____________________元。甲方在维修过程中，确需增加维修项目、扩大维修范围，应事前征得乙方同意，并签订补充维修合同。补充维修合同与本合同具有同等法律效力。

上述费用为概算费用，结算时凭结算清单，按实际发生金额结算。

5. 自合同签订日起______日内，乙方应将车辆送至甲方维修。维修期限自车辆进厂办理完交接手续之日起______日内，如果配件由乙方自备，则维修期限应从乙方向甲方交付自备配件之日起计算。维修届满或在维修期限内经甲方通知，乙方应在______日内到甲方验收车辆。验收标准为____________________，验收方式为____________。验收合格，乙方结清费用后接车。

6. 结算方式为__________。结算期限为乙方验收合格之日起______日内。

7. 维修车辆质量保证期为__________公里或__________日。质量保证期从维修竣工交付之日起计算，以行驶里程或日期指标先达到者为准。本合同约定的质量保证期可以高于，但不得低于有关法规、规章规定的机动车维修竣工出厂质量保证期。

在质量保证期内，车辆因同一故障或者维修项目经两次维修仍不能正常使用的，甲、乙双方应协商确定其他机动车维修经营者进行修理，相应维修费由甲方承担。

8. 甲方或乙方委托代理人签订维修合同的，应出具授权委托书，写明委托事项及代理权限。

9. 甲、乙双方协商约定，如果乙方未在规定的时间内结清维修费用，甲方对该修竣车辆______（享有、不享有）留置权。如果甲方享有留置权，则乙方未在规定的时间内支付维修费用，并经甲方催告后自支付期限届满之日起____个月（至少两个月）内仍未支付维修费用的，甲方有权就该送修车辆折价、拍卖或变卖充抵维修费用，其价款超过维修费用部分归乙方所有，不足部分由乙方继续清偿。

乙方可在签订机动车维修合同过程中，与甲方约定排除甲方对该送修车辆享有留置权。

二、双方权利义务

1. 甲方权利义务

(1) 甲方应按照国家有关维修标准和规范或双方约定的其他质量要求维修车辆。

(2) 甲方不得使用假冒伪劣配件维修车辆，使用旧配件或修复配件维修车辆的，所用配件应达到相关产品的质量标准，并征得乙方书面同意。因甲方提供的配件原因造成车辆维修质量问题的，甲方应承担赔偿责任。

(3) 如果配件由乙方提供，对无配件合格证明或配件有表面瑕疵的，甲方应拒绝使用，并要求乙方尽快重新提供配件。维修期限自乙方提供合格的自备配件之日起开始计算。

(4) 未经乙方同意，甲方不得擅自更换由乙方提供的配件。对于不需要更换的零部件，甲方不得更换。

(5) 甲方应妥善保管送修车辆及乙方提供的配件。因保管不善造成配件损坏、毁坏、丢失的，甲方应承担相应的赔偿责任。

(6) 甲方向乙方交付修竣车辆时，应向乙方提供结算票据、维修结算清单和维修记录；车辆进行二级维护、总成修理、整车修理的，甲方还需建立维修档案，并向乙方提供《机动车维修竣工出厂合格证》。

(7) 甲方应以自己的设备、技术和人员维修车辆。如果甲方将车辆交由第三方维修，应经乙方书面同意。未经乙方同意，甲方将车辆交由第三方维修，乙方有权解除合同，由此产生的法律责任由甲方承担。无论乙方是否同意，甲方均应承担由第三方维修车辆所产生的法律责任。

(8) 甲方收取的维修费用不得超过经当地道路运输管理机构备案并对外公示的维修收费项目及收费标准。

(9) 甲方有权要求乙方支付维修费用。

2. 乙方权利义务

(1) 乙方应在规定时间内向甲方交付维修车辆、提供自备配件、验收修竣车辆并接车。因乙方迟延验收车辆或迟延接车，车辆因不可抗力毁损丢失的风险由乙方自行承担；甲方因乙方迟延而保管车辆产生的合理费用由乙方承担。

(2) 车辆经验收合格的，乙方应按照约定向甲方支付维修费用并接车。

(3) 送修车辆为事故车，乙方应向甲方提供事故责任认定证书或事故调解协议等有效证明。

(4) 乙方自备配件的，应当提供配件合格证明。因自备配件原因造成车辆维修质量问题的，乙方应承担责任。乙方支付费用更换的配件，有权要求取回旧零件。

(5) 车辆进行二级维护、总成修理、整车修理的，如果甲方未签发《机动车维修竣工出厂合格证》，乙方有权拒绝支付费用。

(6) 甲方不出具规定的结算票据、维修结算清单和维修记录的，乙方有权拒绝支付维修费用。

(7) 甲方在维修过程中需要乙方提供协助的，乙方应当履行协助义务。

三、其他条款

1. 维修合同签订后，任何一方不得擅自变更或解除。因擅自变更或解除合同而使一方遭受损失的，除依法可以免责外，应由责任方负责赔偿。

2. 甲、乙双方因为不可抗力不能履行合同的，可部分或者全部免除责任。当事人延迟履行后发生不可抗力的，不能免除责任。

3. 双方约定的违约金为预计维修金额的__________%。

4. 双方因履行合同产生的争议可由双方协商解决，也可由双方共同向有关部门申请调解。双方还可以约定以下第______种方式解决合同争议：

(1) 向__________________申请仲裁。

(2) 向法院起诉。

合同成立或生效与否以及合同的变更与解除，均不影响本争议解决条款的效力。

5. 双方约定的其他条款

(1) 有关燃料、润料提供方式及由此产生的责任归属的约定：

(2) 有关甲方逾期修竣车辆赔偿及是否提供代用车辆的约定:

(3) 有关维修车辆其他质量要求的约定:

(4) 其他:

6. 本合同正本一式两份，甲、乙双方各执一份。合同经甲、乙双方签章后生效。

甲方:(签章)	乙方:(签章)
法定代表人:	法定代表人:
代　理　人:	代　理　人:
日　　　期:	日　　　期: